M. l'Abbé Maurice GRENIER

UNE AME SACERDOTALE

L'ABBÉ MAURICE GRENIER

VICAIRE A VUILLAFANS

D'après son Journal de Retraites
et sa Correspondance

BESANÇON
HENRI BOSSANNE, IMPRIMEUR-ÉDITEUR

1901

Lettre de M. le vicaire général Labeuche

ARCHEVÊCHÉ DE BESANÇON

Besançon, le 26 Juin 1901.

MONSIEUR L'ABBÉ,

Je vous félicite de l'heureuse inspiration que vous avez eue de publier quelques extraits du Journal des retraites *et de la correspondance du regretté M. Grenier. Tous ceux qui ont connu ce jeune prêtre de si haute intelligence et de si grand cœur aimeront à le retrouver dans ces pages intimes où sa belle âme s'épanchait sous les regards de Dieu, dans le silence de la méditation et de la prière, et ils s'édifieront au spectacle de ses vertus. L'Abbé Grenier nous a été montré plutôt que donné : mais dans les trop courtes années de son sacerdoce, il a laissé à tous ceux qui l'ont approché cette impression qu'ils avaient devant eux un prêtre vraiment remarquable par l'élévation de ses idées, la délicatesse de ses sentiments, l'urbanité de son caractère et surtout par son zèle à la fois ardent et éclairé, qu'alimentait une piété très tendre et très profonde. C'était vraiment une* âme sacerdotale, *et je vous félicite de la proposer comme modèle à nos séminaristes et à nos confrères qui débutent dans le ministère. M. l'abbé Grenier était de notre temps, il a vécu dans notre diocèse, et, malgré les conditions déplorables de sa santé, il a trouvé le secret de faire beaucoup de bien dans son propre pays et de conquérir l'estime et le respect de ses compatriotes. Puisse son exemple susciter parmi nous de nombreux imitateurs de ses vertus ! Il continuera ainsi, après sa mort, l'œuvre d'édification qui a été celle de toute sa vie :* « Defunctus adhuc loquitur. »

Veuillez agréer, Monsieur l'Abbé, avec mes félicitations, l'assurance de mon affectueux dévouement en N. S.

LABEUCHE,
Vicaire général

IMPRIMATUR

Vesontione, die 26 junii 1901

LABEUCHE,
Vic. gén.

AVANT-PROPOS

5 Juin 1901.

Après la mort de M. l'abbé Maurice Grenier, dont ce jour est le premier anniversaire, quelques-uns de ses amis obtinrent la faveur pour eux bien précieuse de prendre connaissance de ses cahiers spirituels; ils lurent ainsi, avec autant d'intérêt que d'édification, son Journal et ses Impressions de retraites.

Si haute que fût leur estime pour celui que la mort venait de frapper, en pénétrant dans l'intimité de cette âme exquise, ils furent étonnés et attristés : étonnés, car ils croyaient la bien connaitre et, avec admiration, ils y découvraient une noblesse de sentiment, une élévation d'esprit sacerdotal qui surpassaient tout ce qu'ils savaient déjà de sa délicatesse et de sa vertu; — attristés, car, à cette émouvante révélation, ils sentaient plus vivement la grandeur de leur irréparable perte. L'idée leur vint que tous ceux qui avaient aimé M. l'abbé Grenier, — c'est-à-dire tous ceux qui l'avaient connu — liraient avec le même plaisir et le même profit ces belles et touchantes pages. Mais les manuscrits étaient trop considérables pour être reproduits intégralement : il fallait se résigner à n'en publier que des fragments. Le soin d'en faire le choix nous fut confié; nous acceptâmes avec empressement.

malgré le sentiment de ses difficultés, cette tâche délicate, heureux de contribuer, par un concours personnel, à honorer la mémoire du meilleur des amis.

En présentant aujourd'hui ces extraits aux âmes pieuses et surtout aux amis de M. l'abbé Grenier à qui ils sont spécialement destinés, ce nous est un devoir de leur dire quel esprit a présidé à notre travail, quel plan nous avons adopté, quelles considérations enfin nous ont déterminé à cette publication.

Le but que nous nous sommes proposé est clairement indiqué par le titre même de cet ouvrage : nous voulons montrer dans M. l'abbé Grenier *une âme admirablement sacerdotale.* Nous avons donc attentivement relevé dans ses écrits tous les passages où se manifestent ses sentiments et ses idées sur le sacerdoce et le saint ministère. Par là même nous avons été conduit à éliminer le plus possible ce qui concernait les faits particuliers ou des personnalités (1). Parfois, sans doute, l'intérêt y perd, mais, pour des raisons que chacun devine, ces suppressions étaient nécessaires.

Il nous a semblé bon, pour rendre d'une façon plus exacte et plus saisissante la vie de cette âme, de la montrer dans son développement normal, dans son évolution réelle. C'est pourquoi, au lieu de grouper nos extraits d'après leur objet, nous les avons disposés dans l'ordre chro-

(1) C'est pour ce motif que, malgré leur très vif intérêt, nous avons, à cause de leur caractère particulièrement intime, exclu de cette publication les lettres adressées par M. l'abbé Grenier à sa mère, à son frère et à sa sœur. Cette lacune est certainement regrettable, mais la discrétion l'exigeait, et, par un sentiment de réserve bien respectable, la famille nous l'a imposée.

nologique, et nous y avons intercalé, à leurs dates, quelques extraits des lettres malheureusement trop rares qui nous ont été communiquées (1).

Le cahier des retraites commence au début de la deuxième année de Maurice Grenier à Issy; il se termine au mois de mai 1900. Il renferme toutes les retraites mensuelles, annuelles ou préparatoires aux ordinations. Chose digne de remarque et bien édifiante, dans ce laps de temps assez long, — huit ans, — pas une seule retraite mensuelle ne fait défaut. Si nous n'avons pas emprunté à toutes quelques passages, c'est uniquement pour éviter les répétitions et réduire les proportions de ce volume. Quelques lecteurs impatients nous reprocheront peut-être de n'avoir pas davantage encore visé à la brièveté; mais, nous le répétons, cet ouvrage s'adresse spécialement aux amis de M. l'abbé Grenier, et, sachant la vénération et l'affection fidèle qu'ils gardent à sa mémoire, nous sommes convaincu qu'ils ne se plaindront jamais de le trop lire. D'ailleurs, si les mêmes idées reviennent souvent, l'expression en est toujours variée, ce qui les sauve de la monotonie. Et puis, leur fréquence même montre la place qu'elles tenaient dans l'esprit de ce saint prêtre et nous aide ainsi à le mieux connaître. N'y a-t-il point, par exemple, quelque chose de frappant et de singulièrement signi-

(1) Ce nous est un devoir d'exprimer notre sincère gratitude à tous les correspondants de l'abbé Grenier, qui, avec un aimable empressement, ont mis à notre disposition les lettres en leur possession. Parmi eux, il en est un qui, par l'importance de ses communications comme par leur caractère spécial, a droit à un particulier hommage de notre reconnaissance : c'est M. Dufresne, qui fut le directeur de Maurice Grenier au séminaire d'Issy, et qui actuellement réside à la Procure de Saint-Sulpice à Rome.

ficatif dans sa perpétuelle préoccupation de la mort, dans sa surnaturelle avidité de la souffrance?

Convaincu de notre impuissance à exprimer la délicatesse de cette âme, nous la laissons se peindre elle-même ; c'est pourquoi nous avons scrupuleusement évité de jamais intervenir, même pour relier les textes. Mais, pour en faciliter l'intelligence, il était nécessaire d'adopter une disposition particulière : nous les avons donc classés par groupes correspondant aux diverses périodes de sa vie. La première partie concerne le séjour de Maurice Grenier au séminaire d'Issy ; il n'a que dix-sept ans, et déjà il comprend dans leur sublimité les grandeurs et les douleurs du sacerdoce ; son âme en est pénétrée ; elle les médite et les redit sans cesse. La deuxième partie nous introduit à Saint-Sulpice : aux mêmes élévations naturelles du pieux séminariste s'ajoutent les souffrances de la maladie, la douloureuse épreuve de l'ajournement au conseil de révision qui le retarde pour le sous-diaconat, les anxiétés, enfin, qui précèdent cette ordination.

Avec la troisième partie, nous voyons le vaillant abbé arrêté par la maladie, déçu dans ses espérances, condamné à passer une année entière à Vuillafans, pour y attendre dans le repos le sacerdoce tant désiré. Dur sacrifice pour cette âme si ardente ! Dieu cependant lui en adoucit l'amertume, d'abord par les soins affectueux, par la sollicitude toujours en éveil d'une mère tendrement aimée et vénérée, puis, surtout, par la certitude de sa sanctification dans l'obéissance et la souffrance. — Prêtre enfin, vicaire à Vuillafans, absorbé par un ministère qui aurait pu être calme, mais que son infatigable zèle réussit à rendre laborieux et fécond en œuvres, l'abbé Grenier confie toujours à son cahier ses déceptions et ses rêves, ses inquiétudes et ses espérances ; nous en trouvons, au quatrième et dernier chapitre, la vivante expression.

Pour les lecteurs qui ont peu connu M. l'abbé Grenier, il nous a paru nécessaire de donner un aperçu d'ensemble sur sa vie. Nous sommes heureux de pouvoir reproduire, en tête de ce volume, avec l'assentiment de son auteur, la notice biographique consacrée au vicaire de Vuillafans, dès le lendemain de sa mort, par un vénérable prêtre qui l'aima beaucoup, et qui, depuis de longues années, est pour toute la famille Grenier un ami sûr, un confident dévoué, un conseiller respecté, M. le chanoine Petetin, aumônier de la Visitation d'Ornans.

Est-il nécessaire maintenant de justifier cette publication, et, pour cela, d'en montrer l'utilité ? Sur ce point nous nous bornerons à citer ce que l'ancien directeur de M. l'abbé Grenier au séminaire d'Issy nous faisait récemment l'honneur de nous écrire : « Ai-je besoin de vous dire que je souhaite vivement que cette publication se fasse et qu'elle ait une grande diffusion ? Il me semble que ces notes et extraits de correspondance dans lesquels l'âme de Maurice se peignait inconsciemment telle qu'elle était, avec sa simplicité, sa délicatesse, sa générosité, son zèle, sont de nature à faire du bien. Ils en feront à ses anciens confrères en leur rappelant les exemples du pieux défunt. Ils pourront en faire même aux séminaristes et prêtres qui ne l'ont pas connu : c'est l'effet inévitable de tout contact avec une âme fervente. Ils pourront peut-être en faire aux indifférents entre les mains de qui ils viendraient à tomber, en leur montrant à quels mobiles élevés et désintéressés obéit une âme de jeune clerc et de jeune prêtre fidèle à sa vocation. Je ne sais si le bon Dieu s'est servi de moi pour faire quelque bien à ce cher enfant, mais je sais que j'ai souvent remercié Notre-Seigneur de m'avoir donné à conduire un enfant aussi docile, aussi désireux de correspondre à toutes les grâces du séminaire, et que sa ferveur a souvent été pour moi un stimulant. C'est d'ailleurs l'impression qu'il produisait sur tous ceux qui l'approchaient. Avec lui, la vertu n'avait rien de rebutant, au contraire, et je ne pense pas qu'un seul de ses confrères eût consenti à lui faire volontairement la moindre peine ».

Malgré ces conseils si autorisés de M. Dufresne, nous ne nous sommes pas décidé sans quelque hésitation. Plus que nous-même encore, la famille du cher défunt s'est longtemps laissé influencer par des scrupules de délicatesse et de modestie : N'y avait-il pas quelque indiscrétion à jeter sous les yeux du public ce que l'abbé Grenier écrivait pour lui seul, sous les yeux de Dieu (1) ? N'était-ce pas aller contre sa modestie bien connue que de faire quelque bruit autour de son nom, après sa mort ? Telles sont les questions qui se posaient comme de graves objections ; mais, l'espérance du bien qui peut résulter de cette lecture, l'approbation unanime, les instances même de tous ceux qui avaient pris connaissance de ces manuscrits ont triomphé de

(1) Il est évident, par l'état des manuscrits, où l'absence de toute rature témoigne du dédain absolu de toute préoccupation littéraire, comme aussi par beaucoup des pensées qui y sont exprimées, que l'Abbé Grenier, en fixant sur le papier ses sentiments, ne prévoyait nullement la possibilité d'une publication ultérieure.

toutes les répugnances. Parmi ces témoignages encourageants, pour montrer par un seul le caractère de tous autant que pour nous couvrir d'une recommandation précieuse, nous tenons à citer celui d'un prêtre distingué, vieil ami, lui aussi, de la famille Grenier, qui, après avoir pris connaissance des textes que nous publions, formulait ainsi son jugement : « J'ai commencé la lecture des papiers de M. l'Abbé Grenier avec quelque chose de la disposition d'un professeur, très bienveillant du reste, qui va examiner le travail d'un élève, excellent sans doute, mais enfin d'un élève. Insensiblement, ma disposition a changé et j'ai senti que les rôles étaient intervertis. Le professeur, le maitre, c'était lui, et, moi, j'étais devenu le disciple, disciple profondément touché de tout ce que je découvrais de piété, d'élévation, de générosité dans *cette âme vraiment sacerdotale.* Combien, en particulier, n'ai-je pas été ému de ce que dans ses retraites de 1898 et dans son journal, M. l'Abbé Grenier dit à Dieu de sa santé, de ses craintes, de ses espérances, de son désir d'avoir le temps de faire quelque bien ! Il voit bien que sa maladie est grave, qu'elle peut avoir, et bientôt, un dénouement fatal ; mais, quoi ! il n'a que vingt-quatre ou vingt-cinq ans, il n'a rien pu faire encore de ce sacerdoce si ardemment désiré et dont il s'était promis tant de fruit ; il ne veut pas mourir, et de la prière de N.-S. au jardin des Oliviers il ne répète encore que la première partie : *transeat a me calix iste !* Mais bientôt, comme il devait arriver dans une si belle âme, et depuis si longtemps si bien préparée, la grâce triomphe de la nature, et, d'un cœur soumis, M. l'Abbé Grenier achève la prière du Sauveur :

« *Verumtamen non mea voluntas sed tua fiat!* » Je ne sais rien de plus émouvant que les péripéties de cette lutte retracée simplement, au jour le jour, sous le regard de Dieu seul ; ce qui m'a fait du bien en fera certainement à d'autres. C'est assez vous dire qu'après lecture attentive des papiers du neveu de mon plus intime ami, j'en approuve pleinement la publication. »

Ces paroles si catégoriques de M. le chanoine Coffin ont triomphé des dernières résistances ; nul de ceux qui le connaissent ne s'étonnera que nous ayons accordé à son appréciation une autorité décisive.

Peut-être certains esprits, sévères à l'excès, seront-ils portés à s'étonner de notre zèle à faire connaître l'âme sacerdotale de M. l'abbé Grenier, — un simple prêtre, dont la carrière a été si courte ! — Nous leur ferons observer que, si nous voulons fixer la mémoire du pieux et humble vicaire, c'est précisément parce qu'il ne fut pas un simple prêtre, un prêtre ordinaire. Nous aimerions à citer ici quelques-uns des témoignages émus de sympathie et d'admiration que lui décernèrent, à la nouvelle de sa mort, ses confrères de Saint-Sulpice : ces excellents amis lui avaient voué un culte d'estime et d'affection auquel, pour leur honneur, ils demeurent remarquablement fidèles. Obligé de nous limiter, nous nous bornerons à rapporter les très honorables hommages que lui rendaient avec une sincère émotion, en ces jours pour nous si tristes de juin 1900, les deux prêtres éminents qui furent successivement ses confidents et ses directeurs au Grand Séminaire de Besançon : « Il m'a été donné, — écrivait le digne Supérieur, M. Salomon, — de pénétrer jusqu'au fond de cette âme éminemment sacerdotale, et je ne saurais dire combien j'ai été édifié de tout ce que j'y ai trouvé de délicat, d'élevé et de généreux. Je le vois encore arrivant chez moi, la figure éclairée par son bon et fin sourire, exposant ses projets, interrogeant, discutant, s'intéressant à tout ce qui est pour le bien, s'oubliant lui-même pour faire valoir les autres, tourmenté du désir de hâter par ses efforts le triomphe de la vérité religieuse. Comme s'il eût pressenti que sa carrière serait courte, il voulait tirer de son pauvre corps tout ce qu'il pouvait donner et ne se plaignait jamais de son état maladif, si ce n'est pour regretter de ne pas faire davantage. Vraiment c'était un prêtre d'élite. » Et de son côté M. Saunier, aujourd'hui Supérieur du Séminaire de Vesoul, écrivait ces lignes ni moins élogieuses ni moins émues : « Quiconque a vu M. l'abbé Grenier l'a estimé et aimé. Pour moi, ayant reçu les confidences de cette âme d'élite, pénétré ses pensées intimes, senti les battements de son cœur de prêtre, admiré la générosité de ses aspirations et l'élan de son zèle, comment ne lui aurais-je pas voué un culte fait autant de vénération que d'affection ?

« Pourquoi le bon Dieu, après nous l'avoir fait apprécier grandement, nous a-t-il ravi soudain ce jeune prêtre dont nous attendions beaucoup pour les âmes? La réponse est facile à trouver; il était plus digne du ciel que de la terre, c'est parmi les anges que se trouvait marquée sa place. »

Si tel fut M. l'abbé Grenier, au jugement de ceux qui l'ont le mieux connu, ne mérite-t-il pas d'être révélé à ceux qui l'ont ignoré ou seulement soupçonné? Sa mémoire ne peut qu'y gagner. Et lui, si désireux durant sa vie de faire du bien aux âmes, il leur en fera encore après sa mort, en leur découvrant les trésors de bonté, de piété, d'abnégation, de sainteté, en un mot, qui remplissaient son cœur. Ainsi s'accomplira pour lui, dans toute sa vérité, cette parole de l'Ecriture que lui appliquait, au jour de ses funérailles, M. le chanoine Ligier, curé de Pontarlier : *Defunctus adhuc loquitur.* (1)

E. C.

---

(1) Pour que ce livre soit à tous égards une bonne œuvre, il est vendu au bénéfice des écoles libres de Vuillafans, qui furent un des principaux objets du zèle de M. l'abbé Grenier durant son trop court vicariat.

NOTICE BIOGRAPHIQUE

M. l'abbé Xavier-Augustin-Octave-Maurice Grenier naquit le 14 mai 1874. Son père, M. Charles Grenier, inspecteur des eaux et forêts, appartenait à une ancienne et honorable famille de Baume-les-Dames. Sa mère était la digne sœur de deux religieuses qui sont mortes, l'une à la suite de l'autre, supérieures de l'hôpital de la Providence, à Neuchâtel, et dont la mémoire est en bénédiction dans la congrégation de Notre-Dame des Sept-Douleurs de Besançon, et aussi de M. l'abbé Bossu, ancien professeur au collège Saint-François-Xavier, sur qui Mgr Besson a publié une très intéressante notice en 1884.

Les premières études de Maurice Grenier furent dirigées par son oncle, alors retiré du ministère pour cause de santé. Il vint ensuite au petit séminaire d'Ornans, puis au collège Saint-François Xavier. Dans l'un et l'autre de ces établissements, il fit l'édification de ses condisciples et la consolation de ses maîtres. Quoiqu'il fût peu robuste, ses succès furent aussi éclatants que précoces. Il fut reçu bachelier avec une dispense d'âge.

Personne ne fut surpris en le voyant se disposer à entrer dans l'état ecclésiastique. Ainsi que son oncle, « il s'y porta comme naturellement, en suivant sans contrainte la pente de son aimable et douce piété ». Aux séminaires de philosophie et de théologie, à Issy et à Saint-Sulpice, il obtint les notes les plus distinguées. Autant il était apprécié de ses maîtres, autant il était aimé de ses condisciples. On lira sans doute avec intérêt quelques passages des touchantes lettres que ces vrais amis viennent d'adresser à Mme Grenier, de divers points de la France, de la Suisse et même de l'Allemagne. L'un d'eux affirme « qu'il était universellement entouré d'admiration, d'estime et d'affection ». Un autre s'exprime ainsi : « Il attirait comme la bonté ; il attachait à lui par des liens d'une fraternité indestructible et il rendait sien qui avait le bonheur de l'approcher de plus près. » Un autre va jusqu'à dire : « Maurice était l'âme que j'ai peut-être le plus aimée après ma mère. Je l'aimais plus qu'un frère. » Voici comment un autre explique les vives sympathies dont jouissait ce jeune séminariste. « Nous l'aimions pour son cœur, son caractère doux et tranquille, sa charité toujours serviable à ses confrères ; nous l'estimions pour sa piété à la fois tendre et solide, pour les qualités de son esprit qui le plaçaient au premier rang parmi ses condisciples. Personne parmi nous n'a oublié son premier sermon débité devant ses confrères et ses supérieurs, et qui compta certainement parmi les meilleurs de l'année. » Un autre encore rappelle que c'est lui qui composa la prière des séminaristes tonsurés à Notre-Dame de Lorette, et qu'il ne se contentait pas de travailler à sa propre sanctification. « Il a commencé tôt à prêcher

Jésus-Christ : au séminaire, j'ai constaté l'influence remarquable qu'il exerçait. »

C'était là une excellente préparation aux ordres sacrés. En 1897, quand Mgr l'Archevêque de Besançon lui conféra l'onction sacerdotale, M. l'abbé Grenier parut digne des postes les plus importants que l'on confie aux jeunes prêtres ; mais dans l'intérêt de sa santé, on le désigna pour le vicariat de Vuillafans, où il pourrait recevoir les soins assidus d'une mère tendrement dévouée, et où il aurait à seconder un curé aussi actif que bon et aimable, au milieu d'une population dont les sympathies lui étaient déjà acquises ainsi qu'à toute sa famille.

Il avait beaucoup de raisons de se ménager et de prendre toutes sortes de précautions. Il ne songea qu'à se dépenser et à réaliser tout le bien possible, désirant de suppléer, par le bon emploi de son temps, à ce qui pourrait manquer à la durée de sa vie.

Malgré sa facilité naturelle, il prépare soigneusement ses catéchismes et ses instructions; toutefois, s'il satisfait les esprits, il touche plus encore les cœurs par cette onction pénétrante qui naît d'une tendre piété. Les exercices habituels de la piété et des fonctions du ministère ne suffisent pas à l'ardeur de son zèle. Il donne de nouveaux développements à la bibliothèque paroissiale fondée, autrefois, par M. l'abbé Bossu, et se fait le propagateur actif de la bonne presse. Justement ému des dangers qui menacent la foi et la vertu des jeunes gens au sortir de l'école, il offre à M. le curé tout son concours pour fonder un patronage où ces jeunes gens puissent être groupés et affermis dans le bien. Sa sollicitude s'étend à tous les intérêts des paroissiens, surtout à ceux qui contribuent au progrès moral et religieux. Ainsi il s'impose de grands sacrifices pour replanter ses vignes dévastées par le mildew et le phylloxera, et il encourage les propriétaires hésitants à marcher dans la même voie. Son but, c'est moins de réaliser des bénéfices que d'accomplir une œuvre de préservation sociale ; n'est-il pas très désirable que les vignerons, loin d'être réduits à quitter le coin de terre cultivé par leurs ancêtres, s'y attachent davantage par l'espérance d'une récolte plus abondante ? Sur ce sol, fécondé par leurs sueurs, ne resteront-ils pas beaucoup plus facilement honnêtes citoyens et chrétiens fidèles que s'ils s'en allaient dans les villes, où les victimes de la misère et des idées subversives ne se comptent plus ?

La dernière année de sa vie, de nouvelles œuvres réclament le dévouement de M. l'abbé Grenier. Au mois d'Avril 1899, l'école des filles, tenue par les sœurs de la Charité de Besançon, fut laïcisée malgré les réclamations unanimes du conseil municipal. La population ne se résigna point à laisser partir les institutrices dont elle appréciait depuis si longtemps les services éminents. La fondation d'une école libre fut aussitôt décidée.

Le vicaire y contribua non seulement de sa bourse, mais encore de toute son influence, excitant le zèle des uns, réfutant les objections des autres, se faisant quêteur auprès de ses connaissances et de ses amis.

Chacun sait que, dans notre diocèse comme dans beaucoup d'autres, beaucoup de paroisses sont forcément laissées sans prêtres, au grand détriment des âmes. M. l'abbé Grenier souffrait de cette pénurie et avait à cœur d'y remédier dans la mesure du possible. Il ne craignit pas de s'imposer un notable surcroît de travail, en donnant les premières leçons de latin à trois élèves. A peine avait-il obtenu leur entrée au petit séminaire d'Ornans, qu'il se sentit à bout de forces et que, malgré son habileté et son dévouement, M. le docteur Métras désespéra de le guérir.

Pendant sa maladie, chacun fut édifié de sa piété, de sa patience et de son abandon au bon plaisir de Dieu. Ne pouvant plus célébrer le Saint Sacrifice, il puisait dans la communion fréquente force et consolation. Chaque jour il était visité, non seulement par M. le Curé, qui le considéra toujours plutôt comme un jeune frère que comme un auxiliaire, mais encore par les prêtres du voisinage, qui l'avaient en grande estime et affection. Il m'a été donné de le voir la veille de sa mort ; en considérant son calme et sa lucidité d'esprit, je ne croyais pas à un dénouement aussi rapproché. C'était le 4 juin. Averti de l'aggravation de son état, M. l'abbé s'empressa de demander le sacrement de l'extrême-onction, et il le reçut dans l'après-midi, avec l'expression de la foi la plus vive et la confiance la plus entière. Le lendemain matin, il eut encore le bonheur de se munir du saint viatique, si peu avant le moment suprême qu'un de ses proches put dire avec un pieux à-propos : « Il est allé faire son action de grâces en paradis. » M. l'abbé Grenier expira doucement vers six heures, après avoir été absous une dernière fois par un ami intime qui avait passé la nuit à son chevet, ainsi que la sœur garde-malade et Mme Grenier, dont la force d'âme était vraiment admirable.

Son frère, M. Alfred Grenier, inspecteur des eaux et forêts, et sa belle-sœur, Mme Grenier ; sa sœur, Mme Reboul, et son beau-frère, M. Joseph Reboul, arrivèrent par le premier train, trop tard, hélas ! pour faire et recevoir de tendres adieux. Après la prière, la plus douce consolation fut d'apprendre à quel point la mort de leur frère avait été le fidèle écho de sa vie et de voir combien unanimes étaient les regrets.

Bourgeois, ouvriers, vignerons, tous à l'envi manifestaient la douleur la plus sincère et la plus vive. Un grand nombre vinrent prier auprès de sa dépouille mortelle, et s'en retournèrent heureux de ce que leurs chapelets avaient touché le *saint*. Le saint ! ce mot, prononcé par la voix populaire, se retrouve dans presque toutes les lettres de condoléances adressées soit à M. le curé, soit à la famille de ce cher défunt. Pour me borner à une citation, voici ce qu'un de ses anciens condisciples écrivait le 7 juin à Mme Grenier : « Je ne veux pas vous dire aujourd'hui tout ce que je pense du saint que vous avez perdu. Je demande à Dieu de lui ressembler pendant ma vie ; si j'étais exaucé, je mourrais joyeusement, quand il plairait à la Providence de m'appeler... C'est ma conviction que, par lui, vous et les vôtres recevrez des grâces innombrables. »

Les obsèques furent très solennelles. Rarement on a vu dans l'église du bourg un tel concours de prêtres et de fidèles ; rarement, à cette époque de rivalités et de divisions, on a compté autant de familles unies dans la douleur et les larmes.

*
* *

L'église de Vuillafans était beaucoup trop étroite pour contenir la foule qui s'y pressait. Dans le sanctuaire et dans la nef, on distinguait trente-deux prêtres, dont plusieurs étaient venus de loin, notamment M. le chanoine Ligier, curé de Pontarlier ; M. Chognard, curé-doyen de Pierrefontaine ; M. Barthoz, curé-doyen de Morteau ; le R. P. Dagnaud, professeur au collège Saint-François-Xavier de Besançon, et M. l'abbé Grenier, curé d'Echenoz-la-Méline. Le prêtre officiant était M. Mercier, supérieur du séminaire d'Ornans ; le diacre, M. Girard, curé de Saint-Antoine, ancien vicaire de Vuillafans ; le sous-diacre, M. Trésoret, curé de Rang-lez-l'Isle, compatriote du défunt.

Avant l'absoute, M. le chanoine Ligier rendit un éloquent hommage à la mémoire de son jeune compatriote et ami. Il lui appliqua très justement ce que Mgr Besson écrivait de son oncle, il y a seize ans : « L'Eglise de Besançon vient de perdre un des prêtres qui promettaient de lui faire le plus d'honneur et qui devaient, ce semble, lui rendre le plus de services. »

En rappelant la singulière estime dont il était entouré, l'orateur a fait mention d'un témoignage tout spontané rendu par un de nos plus hauts dignitaires. En voici la partie la plus saillante : « Ce cher abbé Grenier était un de ces jeunes prêtres qui mettent au service de l'Eglise et des âmes toutes les riches qualités que la nature et la grâce leur ont departies. Intelligence d'une limpidité parfaite, âme élevée et délicate, cœur généreux ne demandant qu'à se dévouer, conscience d'une humilité d'enfant, piété de séminariste, tel je l'ai connu et aimé. Avec tous ces dons, que n'avait-il la santé ! Quel rare sujet il eût été et quel bien il eût pu faire !.. J'ai toujours trouvé en lui le zèle le plus ardent et le plus désintéressé. » De la lettre de condoléances d'un autre vicaire général, je détache ce fragment non moins élogieux : « Sa couronne était prête, et je ne doute pas un instant qu'elle ne soit très belle. C'était un prêtre d'élite, et il suffisait de l'approcher pour apprendre à l'estimer et à l'aimer. Il aurait pu faire beaucoup de bien dans le diocèse, mais Notre Seigneur l'a voulu auprès de lui. » Ainsi, nous avons vu éclater une fois de plus la vérité de cette parole du divin Maître : « *Celui qui s'abaisse sera exalté.* » En effet, il eût été difficile de rencontrer un prêtre plus humble, plus modeste, plus ingénieux à voiler ses mérites, plus oublieux de lui-même, pour être tout à Dieu et au prochain.

Après l'absoute, on se mit en marche vers le cimetière. Qu'il était imposant, ce long cortège où les enfants des écoles avec des bannières et des oriflammes, les jeunes filles en grand nombre vêtues de blanc, une foule d'au moins six cents personnes conduisaient, au milieu d'un silence interrompu seulement par les chants liturgiques, ce prêtre de vingt-six ans dans le champ du repos où il attend la résurrection glorieuse !

Puissent ces obsèques triomphales être une consolation pour sa chère famille, qui mérite si bien notre respectueuse sympathie, et pour le digne curé qui fut toujours son confident le plus aimé ! Puissent-elles être pour tous un encouragement à la vertu et au dévouement qui souvent obtiennent de magnifiques récompenses ici-bas, sans préjudice de la félicité céleste, seul objet de l'ambition des saints !

F. P.

PREMIÈRE PARTIE

LE SÉMINAIRE D'ISSY

Entrée à Issy : 20 Novembre 1891.

Prise de la soutane : 19 Mars 1892.

Tonsure : 10 Juin 1892.

PREMIÈRE PARTIE

Retraite de tonsure

Liber II, Cap. 12. De regiâ viâ sanctœ crucis !

Oh oui ! marchons en avant, les yeux fixés sur notre modèle, sur l'auteur et le consommateur de notre foi, sur Jésus. Il a souffert pour nous, il est mort. Il a porté sa croix, et nous refuserions de la porter ! De quel droit le serviteur refuse-t-il de suivre la voie où a passé son maître ? De quel droit l'ami, qui veut être fidèle à son ami, refuse-t-il de le suivre ? Toute la vie du Christ a été un long martyre, et nous ne chercherions que le repos et la paix ? nous voudrions être sur un lit de roses pendant que notre Maître a reposé son corps sur la croix, sa tête sur des épines ? nous voudrions marcher doucement dans la paix et le bonheur, loin de toute souffrance, suivre Jésus dans son triomphe et ne pas le suivre dans son martyre ? Non, aimer, c'est imiter ; aimer Jésus, c'est imiter Jésus, c'est donc souffrir avec Jésus. Ici-bas, nous ne pouvons pas éviter la souffrance, acceptons-la généreusement. La croix est lourde à traîner, elle est légère à porter ; elle porte quand on la porte. Sans doute la nature humaine rejette la souffrance, et ce n'est pas par ses propres forces que l'homme peut courir au devant de l'humiliation, mortifier son corps, fuir les honneurs, se mépriser soi-même. Mais avec le secours d'en haut, on peut tout, et rien n'est au-dessus de la grâce de Dieu. Oui, il faut en venir là : aimer la souffrance pour le Christ Jésus : aimer mieux la souffrance que la consolation, parce qu'elle nous rend plus semblables à Notre Modèle Suprême, à Jésus!

Il faut du courage pour cela, il faut une volonté élevée et généreuse ; élevée, pour mépriser les joies d'ici-bas, qui sont au-dessous de nous, pour ne jeter qu'un sourire de dédain aux biens passagers du monde, pour détourner les yeux quand ces biens semblent s'offrir d'eux-mêmes et veulent nous attirer à eux ;— généreux, pour briser énergiquement avec la terre et ce qui est terrestre, sauf avec la souffrance qu'il faut accepter, recevoir avec joie puisqu'elle mène au royaume de Dieu. Nous devons marcher, héroïquement fidèles à nos glorieuses espérances, en répétant : *Sursum corda*, en songeant « que les courts moments de tribulations et de douleurs opèrent en nous le poids d'une gloire éternelle. »

C'est le Prêtre surtout qui doit savoir souffrir,

lui qui est tout particulièrement l'ami et qui doit être l'imitateur de Jésus. S'il se trompe, le chrétien qui cherche autre chose que les tribulations, combien plus est-il loin de la vérité celui qui aspire à la fois au sacerdoce et aux joies d'ici-bas ! Le sacerdoce, il ne le connaît pas ! Le prêtre doit continuer la passion du Christ qu'il immole à l'autel. Il doit se sacrifier avec Jésus. Dispensateur de la grâce, il doit l'attirer par la prière et par la mortification. Eh quoi ? il voudra mener les fidèles à la Croix, les faire monter au Calvaire, et, lui, il resterait en bas de la montagne, sans courage, sans amour, sans générosité, sans cœur ! Le prêtre doit s'estimer trop heureux de souffrir, car par là il se sanctifie, il réjouit le ciel, il édifie la terre, il féconde son ministère.

Mais ce serait une erreur de vouloir attendre d'être prêtre pour aimer la souffrance. Du moment que l'on entre dans la voie du sacerdoce, il faut envisager le but, comprendre les obligations et s'y préparer. Nous devons souffrir, pratiquer l'abnégation, renoncer aux joies mondaines. Renonçons dès maintenant à tout cela. Il faudrait que j'arrive au sacerdoce, complètement détaché des joies terrestres, amoureux de la souffrance, plein de zèle pour glorifier Dieu et sauver mes frères. Si je n'ai pas ces sentiments ce jour-là, je ne dois pas espérer les acquérir.... Il faut que j'aime la souffrance. Et quel genre de souffrance ? surtout ce qui tuera mon orgueil : donc, les humiliations, l'oubli, le mépris de moi par moi-même ; pour cela, que jamais je ne m'arrête volontairement à une pensée d'amour-propre ou d'orgueil. Il m'en coûtera de m'oublier, je dois le faire. Adieu à ces pensées de vanité, à ces satisfactions de l'amour-propre, à ces rêveries sur le passé. Ce qui doit m'occuper, c'est l'avenir et ma préparation au sacerdoce, c'est ce que je dois être. Il faut que dans cette ordination où je peux, si je le veux, recevoir tant de grâces, j'offre au Dieu qui est mon partage, la ferme résolution de déclarer à mon orgueil une guerre impitoyable. Ce sera une bonne manière de souffrir, quoique ce ne doive pas être la seule ! Oh ! puissé-je arriver à dire : Ou souffrir, ou mourir ! puissé-je embrasser avec amour la Croix de mon Sauveur ! si je l'aime ici-bas, je serai confiant au jour du jugement, quand elle apparaîtra dans le ciel.

Mon Dieu, fortifiez ma volonté, triomphez de ma faiblesse, de mon désir des joies sensibles. Que votre esprit anéantisse l'orgueil, l'amour de moi et mette à la place votre amour. Si vous le voulez, que je puisse souffrir pour vous, souffrir avec amour pour votre amour.

Issy, 6 juin 1892

Même retraite

Issy, 7 juin 1892.

La Sainte Tonsure est une préparation au sacerdoce, un engagement de la part du clerc et de la part de Dieu. Le Tonsuré reçoit dans son ordination des grâces toutes spéciales, et Dieu opère des merveilles dans son âme. Oh! quand on dit à Dieu : *Dominus pars...*, etc..., il me semble qu'en même temps on se donne à Dieu, on lui donne son cœur, toutes les forces de son âme et de son corps, on lui promet de le servir avec générosité et de combattre jusqu'au bout. La force, voilà ce qu'il faut : force contre le monde, force contre les passions, force contre Satan. Le Tonsuré pourrait-il ne pas aimer son Dieu qui le reçoit dans cette grande famille sacerdotale et l'appelle à de si sublimes fonctions : perpétuer le sacrifice de Jésus, verser la grâce par les Sacrements, y faire coopérer par la prière. Sans doute, il doit aller avec crainte et respect, tremblant devant la grandeur de sa destinée, mais il doit aller avec confiance, avec enthousiasme. Cet engagement doit se faire dans l'esprit et dans le cœur. Le cœur proteste, lui aussi, qu'il se donne à son Dieu, et il me semble que dans cette promesse, il doit y avoir en même temps la fraîcheur d'un cœur de jeune homme, l'enthousiasme du vrai amour, la générosité du cœur qui saura se sacrifier.

..... Oh! que les résolutions que je prendrai soient des résolutions durables, efficaces pour l'avenir. Je dois être fervent dans l'amour de Dieu, dans le zèle à son service : je veux l'être. Il faut que ce ne soit pas une velléité d'être très bon, mais une ferme volonté, une volonté que rien n'arrête, qui ne se laisse pas endormir par les joies sensibles, se persuadant comme l'ange de Laodicée qu'elle en fait assez. Oh ! que cette ordination fasse descendre sur moi la grâce d'en-haut en abondance, qu'elle reste dans mes souvenirs comme un jour de fête et de bonheur ; que la grâce de cette ordination féconde les années de mon Séminaire et me prépare aux nouveaux pas que je ferai ! Qu'elle se répande sur mes vacances et les protège, me donnant de rester fort au milieu du monde, détaché des biens terrestres, et maître de mes passions qui doivent être domptées ! Que cette promesse soit le gage des vœux de l'avenir !

Mon Dieu, vous savez toutes les faiblesses de notre nature, toutes les avidités de notre cœur, toutes les débilités de notre volonté. Et pourtant, nous devons être les forts, nous qui sommes les enfants, les frères de vos martyrs ! Que votre esprit nous donne la force qui est un de vos dons. J'attends votre secours, mon Dieu, j'attends votre grâce. Je vous écoute : avec votre grâce, je suivrai votre voix, vos conseils. Que je sois fort pour mériter de recevoir l'accomplissement de la promesse divine : « *Esto fidelis usque ad mortem, et dabo tibi coronam vitæ...* »

Lettre à M. Dufresne

Vuillafans, 8 septembre 1892.

Comme je suis de cœur à Issy aujourd'hui et que je voudrais y être réellement pour célébrer la fête de la sainte Vierge !

Quelle joie de vous revoir dans quatre semaines, mon cher Père ! Je serai si content de retrouver le Séminaire ! Jusqu'à présent, mes vacances ont passé tout doucement : elles me feront encore mieux aimer le Séminaire que je regrette. Je ne sais ce que le bon Dieu demande de moi, mais ce qu'il demande, je suis bien disposé à le faire. Que j'aurai de choses à vous dire l'année prochaine. Je compte beaucoup sur cette année et je suis bien heureux de la passer près du bon Dieu et de Notre-Dame de Lorette.

J'ai confiance en cette deuxième année de séminaire. Je la mets sous la protection de la sainte Vierge qui ne m'abandonnera pas. Je lui confierai mes peines et mes désirs. Je me tranquillise pour l'avenir. Avec la franchise et l'obéissance, je crois que j'aurais tort de me tourmenter.

J'ai une vraie joie à penser à cette deuxième année d'Issy. Elle va encore passer vite. Que nous réserve-t-elle ? Ce que Dieu voudra, n'est-ce pas !

Retraite annuelle au Séminaire d'Issy

Octobre 1892.

Mourir au monde, se renoncer, s'oublier, voilà la loi du Christ, voilà mes désirs. Mon Dieu, je le sens, après toutes les joies mondaines, après les plaisirs passagers, il reste là au fond de l'âme une tristesse, un vide que vous seul pouvez combler. Mourir à soi-même, mourir au monde ce sera notre bonheur. Sur notre lit de mort, comment nous apparaitra le monde ? Vanité des vanités !... C'est ainsi que je veux qu'il m'apparaisse dès maintenant ; les plaisirs, quel dégoût ils laissent dans l'âme ! Une prière près du Tabernacle laisse plus de joie dans le cœur, et plus de paix !... La mortification des désirs, la pénitence, l'observation de la règle, voilà ma voie. Et après ? O Jésus, après, ce que vous voudrez. Je vous promets d'obéir toujours dans ma vocation, de faire un sacrifice plus complet, si vous le demandez. J'ai reçu, Seigneur, j'ai reçu de votre main la Croix. Je veux la porter jusqu'à la mort. Le sacrifice, je l'accepte par amour pour vous. Donnez-moi de vous aimer, de vous faire aimer dès cette année, de ne pas vous offenser.

..... J'ai à faire du bien dès maintenant. Je

veux le faire par mes prières en priant pour ce Séminaire, pour les prêtres du présent et de l'avenir!... Par mes paroles, pour parler des intérêts de la religion, de la France, du rôle des prêtres dans le monde, des grandes questions philosophiques qui nous intéressent. — Par mes exemples : c'est si facile, et cela fera du bien aux autres et à moi. Je pratiquerai le règlement, expression de la volonté divine, le silence, le travail. Je peux faire du bien ou du mal. — Faire du bien ou du mal, quelle responsabilité si on y regarde de près ! Mon Dieu, aidez-moi, soutenez-moi. Donnez-moi d'être bon dès maintenant pour ramener mieux, peut-être, les brebis perdues ou égarées.

Au lendemain de mon ordination, quand je serai où Dieu me voudra, il faut que je ne désire rien que procurer la gloire de Dieu et le salut des âmes, il faut que j'aime mes frères de la terre, pour les rendre meilleurs, il faut que j'aie soif de sacrifice et de dévouement. Mon Dieu, accomplissez cette œuvre en moi, donnez-moi ce qui me manque, donnez-moi de correspondre aux grâces que vous me ferez.

Qu'est-ce que Dieu me demande ? Il me demande d'être un saint Prêtre. Un saint prêtre ne doit pas être orgueilleux, ne doit pas avoir d'amour-propre. Je veux être humble. Que Dieu daigne bénir les résolutions que je prendrai et que ma Mère du Ciel me protège et me donne de participer à son humilité.

Le monde et ce qui est du monde, puissé-je ne pas l'aimer ! Richesse, plaisirs, honneurs, voilà ce que Satan et le monde offrent à leurs fidèles. Je dois aimer la pauvreté, la souffrance, le mépris. Tout cela, c'est le sacrifice, mais ce sacrifice, je le ferai pour Dieu, par amour. Au moins, ainsi, j'aimerai Dieu par ma volonté, j'espère que je l'aimerai par mon cœur...

Seigneur, je vous demande de m'aider et de bénir la fin de cette retraite; faites que je prenne des résolutions utiles à mon âme et que je sache les observer pour le bien des autres et de moi-même.

.....Je veux aimer Dieu et ma Mère du Ciel. Il m'est facile de le demander chaque fois que je vais à la chapelle, surtout pendant la Visite au Saint-Sacrement. Je demanderai cet amour avec instance, et confiance, au moins l'amour par la volonté.

Je pratiquerai le règlement par amour, en vivifiant ainsi chacun de mes actes d'obéissance. C'est l'heure de quitter ma chambre : Mon Dieu, je vais, c'est pour vous : *ut faciam, Deus, voluntatem tuam.....*

Je veux faire du bien au Séminaire, par mes prières, ce qui est facile, par mes paroles, si je le puis, et je le peux avec l'aide de Dieu. Je parlerai des âmes, du monde qui se perd, du bien à faire, de la grâce, de la vocation sacerdotale, de la confiance en Dieu.

O Jésus, mon Sauveur, vous que j'ai reçu ce matin dans mon cœur, vous qui avez voulu m'unir à vous, vous unir à ma pauvre faiblesse pour m'apporter vos grâces et vos dons, recevez les résolutions que je prends pour vous être agréable à la fin de cette retraite. Mon Dieu, je vous remercie de tout ce que vous m'avez fait, de tout ce que vous m'avez donné. Jésus, je vais pendant neuf mois habiter tout près de vous, je vais pouvoir vous visiter souvent dans ce tabernacle où vous êtes ma force et mon modèle. Bénissez cette année de séminaire qui commence. Qu'elle soit utile à tous : qu'elle me rende meilleur pour que je sois plus tard un bon prêtre. Jésus, vous voulez que je sois prêtre, vous m'appelez à cette dignité du sacerdoce. Aidez et soutenez ma faiblesse, je vous offre ma vie, je vous offre cette année de séminaire, je vous offre ces résolutions ; que je les observe pour votre amour. Bénissez-les. Bénissez-moi.

Marie, ma bonne Mère, il me semble que pendant cette retraite, j'ai mieux compris combien je devais vous aimer. Je sens maintenant que j'irai avec plus de filial abandon et plus de confiance prier dans votre sanctuaire. Je vous parlerai comme un enfant à sa Mère. Et puisque vous avez voulu de moi pour ce cher sanctuaire de Lorette, n'ai-je pas bien droit à être persuadé que vous ne m'abandonnerez jamais, et que toujours pendant ma vie, je pourrai, je devrai recourir à vous avec la certitude de n'être pas repoussé ? O Mère, vous ne repoussez jamais celui qui vous invoque humblement. Ma Mère, votre enfant se donne à vous. Je vous offre cette année de séminaire. Je vous offre les résolutions que j'ai prises. Bénissez-les, n'est-ce pas, et donnez-moi d'y être fidèle ; donnez-moi la confiance, l'humilité, l'amour ; donnez-moi d'être un bon séminariste et d'être un saint prêtre. Protégez-moi maintenant et toujours. Je suis tout à vous, ma bonne Mère, et tout ce qui est en moi est à vous.

Issy, 12 octobre 1892.

Retraite du mois, 9 Novembre 1892

En Octobre, je n'ai certes pas fait tout ce que j'aurais pu et dû. Voilà déjà un mois passé : que le séminaire sera vite terminé ! Il faut que cette année soit bonne, il le faut pour mon sacerdoce futur.

C'est en ces jours la réunion de toute l'Eglise, de ceux qui jouissent, de ceux qui souffrent, de ceux qui combattent.

Je mets mes résolutions sous la protection de tous les saints, spécialement de ceux qui m'ont connu et aimé et qui sont là-haut. Qu'ils me protègent et me bénissent ! Je les mets sous la protection de Saint Charles, sous la protection de la reine des Saints, qui est ma Mère. Saints du ciel, aidez-moi ; préparez-nous une place près de vous, soutenez ceux qui combattent ici-bas, qui luttent comme vous avez lutté.

Marie, ma Mère, soutenez-moi, suivez-moi, préservez-moi du mal toujours. *Regina sanctorum omnium, ora pro nobis.*

Retraite du mois, Décembre 1892

8 décembre ! C'est la fête de ma Mère Immaculée. O Mère, bénissez-moi en cette fête qui vous est si chère.

Voilà deux mois que je suis rentré au Séminaire, deux mois que je suis dans cette chère maison de Lorette. Dans sept mois, il me faudra quitter Issy, Lorette !... Oh ! que cette année ne soit pas inutile. Marie, ma bonne Mère, veillez sur moi, préservez-moi du mal toujours. O Mère Immaculée, faites-moi pur et sans tache, si vous le voulez, entourez mon lis d'épines déchirantes, mais que jamais mon âme ne soit souillée !

8 Décembre, Fête de l'Immaculée Conception

Retraite du mois, Mars 1893

Jésus, vous êtes le grand consolateur : quand vous versez votre paix dans l'âme, c'est une douce joie qui nous remplit : oh oui, votre joug est doux et léger, Jésus ! Je veux vous aimer, vous chercher, travailler pour vous toujours : donnez-moi d'accomplir votre sainte volonté, donnez-moi de devenir meilleur, d'avancer chaque jour dans la perfection, marchant sans cesse les yeux fixés vers cet idéal de sainteté auquel je dois m'élever, pour être votre prêtre, pour faire un peu de bien ici-bas !

Marie, ma Mère, je lève avec confiance mes regards vers vous. Bénissez-moi. Protégez-moi. !

Retraite du mois, 3 Avril 1893

L'humilité. Il faut un fondement solide à la vertu que je veux obtenir, il me faut une solide humilité, un caractère doux et humble, qui me fasse aimer la dernière place, ne pas parler du misérable moi. Jésus, doux et humble de cœur, rendez mon cœur comme le vôtre.

Amour. Jésus, que vous nous avez aimé ! Hélas, que je réponds mal à votre amour. Si j'ai fait un peu, combien encore il me reste à faire ! Si j'avais votre amour fort, généreux, combien je serais heureux pour porter la croix, tandis que je suis si lâche !

Retraite du mois, 30 avril 1893

Je dois être prêtre, être médiateur entre Dieu et les hommes, être marqué d'un ineffaçable caractère. Je dois tenir Jésus dans mes mains, lui commander par une souveraine autorité ; je dois prier au nom de tous, je dois être le père des âmes, être, comme Jésus, la voie, la vérité et la vie : je dois être la source des grâces, le distributeur des grâces, le père d'une famille qui me sera confiée, et je ne serais pas saint !

O mon Dieu, ô Jésus, je vous le demande au pied de votre croix, ne faites pas de moi un prêtre tiède, un prêtre banal, sans générosité. Ce n'est pas à cela que m'avez appelé, donnez-moi donc de répondre à ma vocation et aux désirs de votre cœur.

Retraite du mois, 25 mai 1893

C'est la fin. Voici le dernier mois du Séminaire d'Issy. Je vais quitter Lorette, quitter cette maison où j'ai été si près de Jésus, de Marie. Ai-je profité de ma vie ? me voilà à mi-chemin du jour des promesses suprêmes. Mon Dieu, que je suis faible, faible pour briser avec mon amour-propre, avec ma paresse, et pourtant, je dois avoir le courage, je suis l'enfant, je suis le frère des martyrs.

Devant moi, j'ai l'image du frère envolé au ciel il y a quelques mois. (1). Lui ! il était saint, et il est parti.... Pour lui, la journée fut courte,

(1) M. Henri Vicaire, condisciple et ami de M. l'abbé Grenier, mort le 7 mars 1893.

et le salaire fut anticipé. Dans cette journée, il avait accumulé des trésors !

Jésus, donnez-moi de remplacer ce frère qui est près de vous maintenant. Je veux vivre dans son souvenir, vivre avec lui, pour être fort comme il l'était. Jésus, donnez à votre enfant ce qui lui manque.

Henri Vicaire, cher ami, protège moi, donne-moi de te ressembler. Je te le demande, à toi qui m'as tant aimé.

Lettre à M. Dufresne

Vuillafans, 4 juillet 1893.

Merci, mon cher Père, de l'affection que vous gardez pour moi. Vous savez que je ne vous oublie pas. Je n'ai pas assez agi avec vous comme un enfant. Du moins je vous assure que je garde un bien bon souvenir du jour où j'ai mieux senti combien vous m'aimiez. Si j'avais agi plus simplement, je l'aurais senti plus tôt. J'ai commencé à comprendre ce que souffrent à cause de nous nos chers directeurs, dont la récompense ici-bas est de nous voir devenir tels qu'ils nous désirent.

Depuis, je vous ai aimé davantage, et s'il y avait encore une année d'Issy, comme j'espérerais en profiter ! Enfin je saurai ce qu'il faut faire à Saint-Sulpice.

Retraite du mois, 5 Juillet 1893

Jésus, préservez-moi du mal à l'heure du danger ; mon Maitre, soyez le soutien de ma faiblesse, la richesse de ma misère. Que jamais je ne sois indigne de cette couronne dont vous m'avez honoré, que jamais je ne sois indigne de ce sacerdoce qui approche ! Jésus, vous le savez, je ne veux pas être un prêtre médiocre, je ne veux pas être parmi les lâches, je veux être parmi les forts. Marie, vous savez bien que je suis à vous, que je suis votre enfant. Je vous confie tout. Prenez-moi, et faites de moi ce que votre amour de Mère vous demande.

Cœur de Jésus, sauvez la France. Marie, ma bonne Mère, songez que vous êtes la Vierge de Lourdes. Sauvez la France, faites la catholique comme par le passé.

O France, quand seras-tu la République du Sacré-Cœur !!!

Lettre à M. Dufresne

Vuillafans, 18 août 1893.

Que j'aimerais vous revoir au milieu de ces vacances où je crains tant de baisser et de perdre la ferveur, alors que la sainteté toujours plus grande est si nécessaire !...

Il serait si utile que l'on travaillât bien ardemment, courageusement, au Séminaire ! Cette ardeur manque trop et il y a tant de choses que nous devrions savoir !

Je vois bien de la besogne devant moi. Je ne crois pas que j'aurai un jour le temps de m'ennuyer...

Retraite du mois, Septembre 1893

Dans quelques années, je serai votre Prêtre, Jésus. Pourquoi m'avez-vous appelé à être votre Prêtre ? Vous voulez que j'aille porter la vie à ceux qui dorment dans la mort et sauver ces âmes pour qui vous avez donné vos souffrances et versé votre sang.

Jésus, donnez-moi de vivre dans la ferme volonté de répondre à votre appel : pour vous, mes souffrances, mes peines, mes douleurs; pour vous mes forces, ma vie. Tout ce qui n'est pas vous, ne laisse au fond du cœur que le vide et la tristesse. Tout pour vous, tout pour les âmes.

J'ai trop oublié ma vocation. Pardonnez-moi et aidez-moi à devenir saint pour que je puisse sanctifier les autres.

Lettre à l'abbé F.

Vuillafans (Doubs), 5 septembre 1893

.... Ne nous décourageons pas : avec nous, nous aurons la force de Dieu ; traçons seulement sans défaillance, sans faiblesse, le sillon qui nous est destiné, et, s'il nous faut partir avant d'avoir vu la moisson jaunissante, du moins, nous aurons fait notre devoir, et travaillé pour préparer le règne de Notre-Seigneur....

....On en a bien besoin, pendant qu'on est au Séminaire, de devenir fort, d'une force qui soit capable de surmonter les obstacles, de rester confiante au milieu des désillusions, persévérante après les échecs, toujours généreuse, toujours disposée à la lutte. Nous devons certes nous préparer : nous sommes si heureux d'être à Dieu, et de travailler pour lui, alors que tant d'autres sont au monde, à ses plaisirs, à ses honneurs.

Lettre à M. Dufresne

Vuillafans, 18 septembre 1893

.....Bientôt je reverrai Lorette, puisque dans quinze jours je prendrai le chemin de Paris. Je serai bien content d'aller chaque semaine prier dans ce cher sanctuaire, près duquel j'ai vécu toute cette année. Je vous assure que malgré les regrets inséparables des séparations, je serai, d'un autre côté, bien heureux de voir finir les vacances et de retrouver le Séminaire. Ce ne sera plus Issy, mais j'espère qu'à Saint-Sulpice tout ira bien.....

DEUXIÈME PARTIE

SAINT-SULPICE

Le sous-diaconat

Entrée à Saint-Sulpice : 3 Octobre 1893.

Ordres mineurs : 20 mai 1894.

Mai 1895 : Ajournement pour le service militaire et, comme conséquence, pour le sous-diaconat.

Mars 1896 : Dispensé du service militaire.

30 Mai 1896 : Sous-diaconat.

29 Juin 1896 : Départ de Saint-Sulpice.

DEUXIÈME PARTIE

Saint-Sulpice, 3 octobre 1893.

Ce matin, j'ai commencé de m'installer à Saint-Sulpice. Je vous avoue que j'étais très ému, en entrant au Séminaire ce matin. C'est une nouvelle période de la vie qui commence pour moi, une période pendant laquelle viendront les grands jours des ordinations...

Retraite annuelle au Séminaire Saint-Sulpice

Octobre 1893

.....O Jésus, mon bon Maître, qui m'aimez tant, je viens humblement vous demander cette grâce: que jamais, jamais je n'aie le malheur de souiller mon âme par le péché mortel, et de mépriser votre amour, vos souffrances. Cette grâce, je vous la demanderai sans cesse : je vous demanderai votre amour qui me préservera et me rendra fort aux heures des tentations...

Beati mortui, qui in Domino moriuntur.

La mort nous instruit , car elle nous apprend

à nous détacher de ce qui passe, pour devenir les hommes de l'éternité. Soyons les disciples de la mort. La mort nous châtie, car elle est pleine d'angoisses et de douleurs : elle est la grande séparation, le suprême adieu à ce qu'on a aimé : soyons les victimes résignées de la mort.

La mort nous délivre : elle nous enlève la triste possibilité d'offenser Dieu, elle nous conduit à la patrie : soyons les amis de la mort.

Oui, je viens vous le demander, ô Jésus, donnez-moi d'aimer la mort, donnez-moi de la recevoir comme vous sur la croix l'avez reçue, donnez-moi de mourir uni à vous ; pour le salut des hommes, donnez-moi de répéter sur mon lit de douleur les paroles que bientôt, si vous le voulez, je prononcerai au pied de l'autel : *introïbo ad altare Dei !* O Jésus, j'unis mon sacrifice à celui du Calvaire ; quand vous le voudrez, Jésus, attirez-moi à vous.

*
* *

O Jésus, donnez-moi de regarder toutes choses sous la lumière de l'éternité. Je suis si faible que les choses de la terre ont de l'attrait pour mon âme, et je sens que ces vains plaisirs voudraient parfois me détourner de vous. Jésus, faites que je les regarde toujours en face de l'éternité, qui bientôt viendra prendre la place du temps. Jésus, je vous en supplie, donnez-moi la pensée de l'éternité. L'éternité, c'est tout !

Dimitte omnia, et invenies omnia.

.....O ma Mère, voici votre enfant. Humblement, je viens vous demander cette douce confiance en votre Miséricorde, je viens vous supplier de me garder toujours innocent et de me guider dans la voie de la sainteté, où je veux monter chaque jour, pour vous être agréable, pour être agréable à Jésus. Aujourd'hui, ma Mère, j'ai tout spécialement besoin de votre protection ; j'ai besoin que vous veniez éclairer mon esprit et fortifier ma volonté. Montrez-moi le chemin, versez en moi votre douce paix, faites-moi fort. O ma Mère, voyez le trouble de mon âme ! D'un mot, vous pouvez calmer la tempête. Souvenez-vous, ô miséricordieuse Vierge Marie.... Ma Mère, je veux de plus en plus être à vous ; plus je serai à vous, plus je serai à Jésus.

Saint-Sulpice, 10 octobre 1893.

.... A la fin de cette retraite, mon Dieu, je me sens moins fervent à votre service qu'il y a quelques jours. Seigneur, faudrait-il donc que cette année se passât dans la tiédeur ; sera-t-il dit que je renonce à ma devise : *volo fieri sanctus, et magnus sanctus, et brevi tempore?* — Oui, mon Dieu, voilà la question qui se pose au commencement de cette année : resterai-je immobile, stationnaire sur le chemin, aurai-je le courage de faire un généreux effort pour monter sans cesse vers la sainteté où votre voix m'appelle ? Je viens humblement vous le demander, mon Dieu : faites que je ne passe pas cette année dans la tiédeur, dans la langueur glaciale. Si vous le voulez, je vous demande vos consolations qui rendent si doux le chemin du ciel ; si vous voulez, Seigneur, me refuser ces joies, si vous me demandez l'amour désséché de ma volonté, je vous remercie encore, pourvu que je sois plus fort que l'épreuve. Jésus, donnez à celui qui veut être votre Prêtre, donnez lui d'être digne de sa vocation. Hélas ! je sais trop maintenant où vont échouer tristement les plus solides résolutions, je sais ce qu'est notre misérable volonté. Seigneur, donnez-moi la force de vos saints.

11 Octobre 1893.

Faites que, de ce jour jusqu'à l'heure où vous me rappellerez à vous, je n'aie jamais le malheur de commettre un seul péché mortel ; faites que je n'aie pas la honteuse lâcheté de moins vous aimer, et de m'assoupir dans la paresse et la tiédeur ; donnez-moi, si vous le voulez, la paix, votre paix à vous, je ne vous demande pas la paix que donne le monde. Seigneur, si vous m'accordez ces grâces immenses, si, jusqu'au dernier soupir, je vous reste fidèle, quand viendra l'heure suprême, quelle joie de partir et d'aller vous retrouver pour l'éternité, dans cette éternité où vous consolerez toute douleur, et où je serai sûr de vous aimer toujours! Je ne sais pas, ô Jésus, ce que vous réservez à votre enfant pour l'avenir. De votre main j'accepte tout. Seulement, je vous demande encore de me conserver toujours l'innocence, je vous demande de faire de moi un saint, je vous demande de me donner votre paix. *Fiat voluntas tua!...*

Retraite du mois, 1er novembre 1893.

C'est aujourd'hui la fête de nos frères du ciel: demain, c'est la fête de nos chers morts qui souffrent encore dans le Purgatoire. Ce jour ne peut se passer sans me rappeler le souvenir de ceux que j'ai connus et aimés, et qui, depuis un an, sont retournés à Dieu. Je le crois, Seigneur, ils sont près de vous déjà. Il y a huit mois, Henri Vicaire nous a quittés : Oh! maintenant, comme il voit bien qu'il ne vous a pas acheté trop cher! Vous l'avez pris, Jésus, lui qui nous semblait destiné à si bien travailler pour votre gloire! que, pour le remplacer, je devienne meilleur!...

Ce jour me rappelle ceux de ma famille qui ne sont plus. Que de séparations il y a eu déjà depuis que j'ai vu la mort pour la première fois frapper parmi ceux que j'aimais! Je demande à ces chers défunts de protéger ceux qui restent ici-bas et qui combattent en attendant l'heure de la récompense. Jésus, je ne sais pas quand vous me rappellerez à vous. Je ne sais si vous me demanderez de longues années, ou si vous vous contenterez de quelques jours de ma vie. Du moins, que je meure dans l'accomplissement du devoir! Il faut que je devienne un saint.

Marie, ma bonne Mère, veillez toujours sur votre enfant. Vous voulez ma sanctification : aidez-moi donc, ô Mère ! Marie, j'ai contemplé en esprit, ce matin, ce ciel où vous êtes avec les enfants qui vous furent donnés au pied de la croix du Sauveur : que ce sera doux de se trouver un jour dans la patrie! En attendant, ô Mère, aidez ceux qui combattent le bon combat !...

Retraite du mois, 25-27 décembre 1893.

Seigneur, quand viendra l'heure où vous m'appellerez à être votre sous-diacre, quand je serai prosterné devant l'autel, que voudrais-je avoir fait ? Mon Dieu, je le comprends, en dehors de votre service, en dehors de l'effort pour devenir meilleur, il n'y a que mensonge.

Je dois donc être fidèle à la parole qui a inspiré ma retraite, il y a trois mois : *Volo fieri sanctus, et magnus sanctus, et quidem brevi tempore.*

Retraite du mois, 28-29 janvier 1894.

Mon Dieu, quand je suis arrivé dans ce Séminaire, celui qui est votre représentant auprès de moi m'a dit : Mon enfant, voulez-vous devenir un saint? — J'ai répondu que telle était ma volonté. Seigneur, je sens que ma volonté intime n'a pas changé ; mais, comme il est difficile de porter dans la vie de chaque jour la perfection que l'on a rêvée ; comme il est difficile de devenir un saint! Aidez-moi. Aidez-moi à me sanctifier en faisant bien les petites choses. Ici, c'est de cette manière que je dois me sanctifier, profitant de chaque heure, de chaque instant, pour faire ce que vous demandez de moi.

Retraite du mois, 1er avril 1894.

Le jour où je serai fait prêtre, que voudrais-je avoir fait?... Le jour de ma mort, que voudrais-je avoir fait? Ah! comme je regretterai alors ces instants perdus, cette sanctification négligée, ce scandale donné à mes frères que j'aurais dû sans cesse porter au bien! Mon Jésus, je reviens sans cesse sur cette pensée qui a fait tant d'impression en mon âme. Pourquoi suis-je venu ici?... Pourquoi, si ce n'est pour assurer les fruits de votre mort, de vos douleurs? Hélas! il est des jours où je perds de vue cette destinée, où ces pensées me laissent de pierre, des heures où j'oublie, où je recule devant le sacrifice. Seigneur, vous voulez que la vie soit effort, désir de sainteté, efforts vers elle : que ma pauvre volonté soit la vôtre. *Volo, Domine. Adjuva infirmitatem meam !*

Demain, la fête de ma Mère, de l'Annonciation. Ma bonne Mère, vous savez ce que j'attends de vous, donnez-moi d'accomplir ce que vous attendez de moi. Jésus, Marie, faites qu'avec générosité je vous serve dans une douce confiance, dans votre vraie paix. Jésus, Marie, je ne veux pas être un prêtre inutile ou passable : donnez-moi la paix, le courage, la générosité.

Retraite au Séminaire Saint-Sulpice.

Ordres Mineurs, 12-20 mai 1894.

Sur votre appel, je m'avance vers votre sacerdoce, en franchissant un degré nouveau ; je vais recevoir des ordres dont les saints se sentaient trop honorés ! Je vais recevoir la garde de l'Eglise où est Jésus, l'Ecriture sainte pour l'aimer et la faire aimer ; je vais recevoir le pouvoir de chasser le démon ; je vais offrir le vin qui doit devenir le sang de Jésus, porter la lumière aux yeux des fidèles. Seigneur, donnez-moi un esprit de religion profond ; que, devant votre tabernacle, je sois pénétré de votre sainte présence, et que j'agisse sous votre regard. — Donnez-moi de comprendre et d'aimer votre parole, de la porter à ceux qui l'ignorent, d'aimer ces âmes que vous donnez à mon amour. — Donnez-moi de chasser le démon de moi-même et de tous les cœurs, en faisant une guerre acharnée au péché. — Donnez-moi d'être l'exemple et le modèle, un peu comme vous l'étiez, ô Jésus ! afin que, par ma muette prédication, je vous gagne des cœurs, dans ce Séminaire et plus tard... où vous voudrez.

Jésus, je viens d'avoir vingt ans. A cet âge, il en est qui ne songent guère à vous ! Dans la partie de ma vie qui s'est écoulée je n'ai guère songé à vous. Trop tard je vous ai connu et aimé. Et maintenant, puis-je dire que je vous aime ?...

Que ma vie désormais soit à vous, à vous tout seul ! Jésus, élevez-moi de terre, purifiez-moi, si vous le voulez, par la souffrance, par l'épreuve ; mais, faites de moi un saint ! Je vous le demande au nom de vos souffrances, au nom des souffrances de votre Mère ! (*14 mai.*)

Mon Jésus, vous allez me faire portier. Je recevrai les fonctions glorieuses d'appeler à vos fêtes, au sacrifice de votre corps, les fidèles, et d'écarter les indignes. J'ouvrirai au peuple cette Eglise, sainte maison où l'homme passe les heures les plus précieuses de sa vie, où il est fait chrétien, où il lave son âme souillée, où il vous reçoit, où il passe avant d'aller à son tombeau ! J'aurai la garde de vos trésors, la garde de l'Eucharistie. Etre le gardien de Jésus ! L'an dernier, à Issy, j'exerçais cette douce fonction. Vous savez, Seigneur, à travers mes misères, combien j'aimais le soir à venir vous dire une dernière prière dans l'obscurité de la chapelle !... Quel honneur, Jésus, que d'appeler au sacrifice de l'autel, que d'avoir le soin de votre maison ! Vous allez me donner cela, Jésus, merci.

Que voulez-vous de moi ?... Ah ! il faut que je vous dise en toute vérité : *Domine, dilexi decorem domûs tuæ.* Que j'aime donc votre église, que j'aime à la voir belle, que je ne craigne pas de lui donner mon temps et mes soins ! Seigneur, vous qui êtes si grand, ne devez-vous pas avoir une belle demeure ?...

Et puis, je dois me souvenir que je vais être votre garde du corps. Il faut que je sois à l'église sous votre regard : que mon cœur vous trouve donc dans votre tabernacle, que tout mon être témoigne de ma foi, de mon adoration, de mon amour ! O Jésus ! Si j'avais été devant vous quand vous étiez sur la terre, qu'aurais-je fait, qu'aurais-je dit ?... Mon Dieu, je vous ai là dans le tabernacle. A vous, respect profond, amour sincère, imitation fidèle... Je vous ferai aimer, respecter.

Ouvrir l'église, le temple de Dieu ! Je veux ouvrir aussi le temple spirituel, les cœurs de mes frères, les ouvrir à votre amour, ô mon Dieu... En attendant que j'aie ce pouvoir d'ouvrir les portes du ciel : *Tibi dabo claves*, mon Dieu, donnez-moi donc votre cœur, afin que j'aime les âmes pour aller à elles, pour les ouvrir à votre grâce. Amen. (*16 mai.*)

..... *Dominus pars !* Je vous le redis, ô Jésus ! que désormais je sois plus fidèle à ma promesse ! je vais partir pour aller recevoir les fonctions dont votre pontife va me revêtir. C'est une grande chose qui va s'accomplir. Une ordination ! O Seigneur, versez, versez avec abondance vos grâces, votre Esprit sur nous.

Veni, sancte spiritus. Marie, ma bonne Mère, je vais aller à vos pieds pour vous confier mon Ordination. Quand je reviendrai près de vous, je serai minoré. Ma Mère, donnez-moi d'être un saint minoré, donnez à tous vos enfants de recevoir une bonne ordination, afin que tous nous devenions de dignes prêtres de Jésus... (*19 mai. Avant l'Ordination.*)

Et maintenant, Seigneur, vous avez fait votre œuvre. Bien des fois, je suis allé aux pieds du Pontife, et me voici chargé de ces saintes fonctions, chargé de vos bienfaits. Comme elle a été belle, douce et sainte, cette matinée du 19 mai ! La grande nef était pleine de ceux qui s'approchaient de votre sacerdoce. A l'autel, le Pontife était là, vous représentant. Derrière lui, sur un reposoir tout chargé de fleurs, Marie semblait nous regarder et nous bénir...

Quelles douces émotions! Quelle joie, après ces heures de prière, d'aller vous recevoir à votre autel, de vous posséder! O Jésus, vous qui réjouissez ma jeunesse, vous qui, bientôt peut-être, ferez encore ma joie au jour du sous-diaconat, au jour du sacercoce, au jour de la mort !... que cette parole qu'on nous rappelait hier soir se réalise pour moi : *Mihi vivere Christus est.*

Jésus, soyez dans mes pensées, soyez dans mon cœur; soyez ma force, ma sainteté, ma joie...

Seigneur Jésus, vous le savez, je suis bien content d'être minoré, d'avoir ces belles fonctions dans votre Eglise. O Maître, conservez en moi ces grâces, faites-les croître : *Confirma hoc quod operatus es in nobis.* Maintenant, Jésus, c'est la vie de chaque jour qu'il va falloir porter sans faiblesse, sans lâcheté, sans défaillance. Les douces joies de la fête passées, il restera peut-être parfois une croix nue et pesante... C'est maintenant qu'il faut vous témoigner la solidité de mon amour, vous la montrer dans la vie de tous les jours. Amen! (*20 mai, matin.*)

Jésus, je suis maintenant exorciste. Je dois commander au démon. Ah ! ce n'est pas ma propre force qui pourrait le dompter ; j'ai si souvent été son esclave ! Que maintenant je ne subisse plus cette tyrannie honteuse ! Que je sois le maître de mes inclinations mauvaises, par la mortification, par le renoncement, ce renoncement qui mène à l'amour ! O Maître, donnez-moi de garder toujours mon âme pure et sans tache, donnez-moi la haine du péché, mortel ou véniel, la haine des imperfections volontaires, afin que Satan, le démon, ne possède rien en votre enfant, afin que votre enfant chasse bien le démon des corps et des âmes.

Acolyte, je vais présenter à l'autel le vin et l'eau qui deviendront le sang de mon Sauveur; je porterai le cierge, la lumière, douce image de Jésus, de Jésus le grand et fidèle ami, ami du berceau, ami de la jeunesse et de l'agonie. Ah ! que ma lumière brille devant les hommes ; que mes œuvres soient pour mes frères l'exemple et le modèle !

Jésus, je n'ai jamais compris, il me semble, comme en ces jours bénis, combien féconde est la puissance de l'exemple ! Par ma parole, je ne puis pas encore vous gagner bien des âmes, je travaillerai par mes œuvres. Ici, dans ce Séminaire, je veux montrer à tous que je prends au sérieux ces années qui sont le germe de l'avenir, et que, pour vous, je sais être un homme de renoncement, d'obéissance, de prière, de travail.

Pendant les vacances, je veux montrer que je crois en vous d'une foi sincère, que je vous aime. Et plus tard, Maître, où vous voudrez ! *fiat voluntas tua !*

Que dois-je faire pour donner l'exemple ?... *Imitamini quod tractatis.* Cette parole, on me la dira quand je serai fait prêtre : mais, maintenant, je commence à avoir part au sacrifice de votre autel. Que j'imite donc votre vie, c'est-à-dire votre sacrifice ; que, renonçant à tout, aux richesses, aux honneurs, aux plaisirs, je vous suive, vous, mon Jésus, pauvre, humble et souffrant. Je vous le demande, Seigneur, faites-moi l'homme du sacrifice, du renoncement par amour. Je vous le demande pour votre Eglise, pour les âmes que je dois sauver (*20 Mai.*)

Et, maintenant, Seigneur, à l'œuvre, à l'œuvre ensemble... Ce n'est pas ici le lieu du repos. Au travail ! Aux croix de chaque jour ! Confirmez, Seigneur, ce que vous avez fait en moi ; que maintenant ma pauvre vie soit moins tiède et moins misérable, plus chaude dans votre amour ; qu'elle soit effort, jusqu'au jour où vous me rappellerez à vous. O Marie, je suis venu vous offrir mes premières heures de clerc minoré.. Ma Mère, gardez-moi... Donnez-moi l'innocence, la paix, la générosité... La première fois que je prendrai part à une ordination, je serai dans une grande aube blanche... Ce sera pour me prosterner sur le sol, pour mourir, pour être sous-diacre.

O Jésus, ô Marie, viendra-t-il ce jour là ? *Fiat voluntas tua...* Gardez-moi... Que j'y arrive pur, fervent, que j'y arrive saint !!!

Jésus, Marie, Joseph... (*20 Mai, soir.*)

Lettre à l'abbé C.

Vuillafans, 22 juillet 1894.

Maintenant vous êtes en retraite ; je ne veux pas vous troubler au milieu de votre recueillement, en vous parlant des bruits du monde, mais je pense tout spécialement à vous. J'ai déjà commencé à prier pour les ordinands du 29 juillet 1894. La dernière fois que vous receviez une ordination, nous étions ensemble pour faire notre retraite, ensemble dans la grande nef de Saint-Sulpice.

Maintenant vous voilà au grand jour où vous allez beaucoup recevoir du bon Dieu pour travailler pour sa gloire, vous voilà au jour de la grande ordination, de la Première Messe ! Pensez à moi dans vos prières de jeune prêtre. En vous écrivant, je suis tout triste : il m'en coûte tant de renoncer à nos projets, à mon voyage de Besançon. Sansdoute, nous nous reverrons souvent. Mais votre première messe, cela ne se reverra pas. Enfin ! Décidément la vie est semée de sacrifices...

Lettre à M. Dufresne.

Vuillafans, 27 juillet 1894.

Tout doucement je travaille, amassant des matériaux pour mon sermon ; seulement, j'en aurai une telle quantité que j'aurai de quoi faire bien des sermons sur le Sacré-Cœur. Tant mieux ! Je suis de plus en plus content de mon sujet, assez porté à croire que le Sacré-Cœur me l'a envoyé pour que je le connaisse et l'aime un peu mieux, pour que je le fasse un peu mieux connaître et aimer.

Je suis toujours bien triste à des heures, plus heureux, bien calme à d'autres. Ce qu'il peut venir d'idées et se forger de folies dans ma pauvre tête, je n'en avais guère l'idée avant mon entrée au séminaire. Avec cela, il y a les tristesses inséparables de la vie. J'en souffre. Mais cela a du bon, car alors on comprend mieux la vérité des dernières paroles de l'Ecclésiaste, et en somme les souffrances de la terre rapprochent de Dieu et élèvent les désirs ; elles empêchent de s'attacher aux choses de ce monde et à cette vie, de mettre sa joie dans les plaisirs qui passent : elles font qu'on comprend mieux que la véritable joie, la véritable grandeur de l'homme est de se sanctifier, en sanctifiant les autres. Que la vie d'ici-bas serait triste, s'il n'y avait pas l'autre!

Mon père, priez pour moi le Sacré-Cœur. Demandez que votre enfant fasse bien la volonté du bon Dieu, rien que cela, mais tout cela...

Retraite du mois, 3 août 1894.

O Jésus, que la vie serait triste sans vous ! Et

qu'ils sont à plaindre ceux-là qui vous méconnaissent et qui vous ignorent! Car, croire en vous, espérer en vous, vous aimer, travailler et souffrir pour vous, cela seul laisse dans l'âme la joie vraie, sans mélange... Mon Jésus, je sens en moi deux hommes, comme deux volontés : l'une m'entraîne vers la terre, loin de vous ; l'autre essaye de me faire monter vers le ciel, la sainteté, la vie. Sauvé, Sauveur, donnez-moi d'être cela, ô Jésus! Il y a tant de misère sur la terre, tant de misères à guérir, de douleurs à consoler, d'hommes à rendre plus heureux et plus saints! tant de désolés et de pécheurs à conduire à votre Cœur Sacré! Votre Cœur, ô Jésus, que je le connaisse et que je l'aime! Que je comprenne votre amour, pour y répondre par l'amour!

Lettre à l'abbé F.

Vuillafans, 7 août 1894.

..... A Issy, vous avez trouvé votre voie, vous avez compris le bonheur et l'honneur qu'il y a à travailler pour la gloire de Notre-Seigneur Jésus-Christ, pour le salut des hommes. Oh! que notre mission est belle! Conservons, conservons toujours le souvenir de ces premières années de séminaire, de ces grâces reçues : mais, comment les oublier? Maintenant, il faut monter, monter toujours vers la sainteté, vers l'idéal du prêtre, garder toujours la volonté forte, solide, de devenir meilleur, sans se décourager des faiblesses et des lâchetés. Bientôt, je l'espère, nous nous retrouverons ensemble à Saint-Sulpice. Vous y rentrerez avec joie pour vous préparer aux grands jours des dernières ordinations : vous verrez que là, comme à Issy, on est bien heureux. N'est-ce pas, de loin comme de près, pendant nos années de séminaire, nous nous aiderons à devenir bons, saints, pour faire mieux connaître et aimer Notre-Seigneur, pour mieux travailler à lui conduire les hommes, que nous rendrons ainsi bien heureux.

Ils sont si à plaindre, ceux qui n'ont ni notre foi, ni nos espérances! Plus j'avance, plus je trouve que, sans l'autre vie, la vie présente serait triste, douloureuse, sombre. Il y a tant de misères ici-bas ! Les hommes, par leur faute, se rendent mutuellement si malheureux!... Sans doute, la constatation des misères humaines est triste, mais elle excite à les guérir, à se pencher vers elles pour les soulager, non à s'en éloigner. Aimons bien, aimons beaucoup ceux qui souffrent dans leur âme, dans leur corps, pour les consoler et leur donner le bonheur de l'autre vie qui les dédommagera de toutes les peines d'ici-bas!

Vous avez le désir de travailler, me dites-vous; je vous en félicite. Si nous ne sommes pas destinés à devenir des savants, nous devons du moins faire fructifier les dons de Dieu, pour l'honneur de l'Eglise, pour la fécondité de notre ministère. Laisser stériles les germes qui doivent procurer des fleurs et des fruits, ce n'est pas ce qu'on peut attendre de nous. Travaillons, développons harmonieusement nos facultés...

Lettre à M. Dufresne.

Vuillafans, 30 août 1894.

Une des choses qui me peinent beaucoup actuellement, c'est d'entendre parler autour de moi d'une prolongation de vacances. Ma mère y compte un peu, beaucoup même. Ici je me trouve aussi bien que possible, mais interrompre ma théologie, un mois ou deux et davantage peut-être, cela ne me sourirait nullement. Dans un mois je voudrais retourner à Saint-Sulpice : ce sera comme le bon Dieu voudra, car je me baserai sur l'avis de M. Bieil.....

Parfois, le monde n'est guère amusant, et je voudrais avoir une chambre au fond d'un bois... Et pourtant, malgré tout, il faut être dans le monde, aller à lui pour lui faire du bien, en avoir pitié. Comme on a besoin d'être aidé par Notre-Seigneur, pour aimer, comme lui, les hommes, et pour les guérir de leurs misères !

Retraite du mois, vendredi 7 sept. 1894.

O Jésus ! si vous voulez que je sente le déchirement, que votre volonté soit faite! Mais maintenant, puisque j'ai déjà renoncé à quelque chose pour vous, faites que je me donne tout entier, sans réserve, que je ne m'arrête pas lâchement dans la voie où vous m'appelez à monter... Plus haut, mon Dieu, plus haut!...

Ma bonne Mère, que tout ce qui m'arrive me soit envoyé par votre cœur! Dans quelques semaines, je sens que, de toutes façons, vous me demanderez un sacrifice. Que votre volonté, celle de Dieu qui est la vôtre, se fasse en moi. Amen!

Lettre à M. Dufresne.

Vuillafans, 8 septembre 1894.

Je ne m'attendais nullement à votre départ; je suis tout attristé de penser que la séparation va être bien longue peut-être. Aura-t-elle un terme? Je l'espère. Quoi que je fasse plus tard, j'aimerais de toutes façons à aller à Rome, y vivre au milieu du foyer du catholicisme, y contempler les souvenirs du passé.

A Rome, maintenant, je retrouverai mon Père. Vous pensez si je serai heureux d'y aller! Pour vous, mon Père, c'est une séparation qui vous est imposée, une séparation toujours triste! On ne peut guère avoir été à Issy, sans le quitter avec regrets. Pour moi qui ai été un des premiers de ceux que le bon Dieu vous a confiés, je ne vous oublierai pas. Aujourd'hui, c'est la fête de Notre-Dame de Lorette. Que ne suis-je près de vous ! Avant de partir, vous me recommanderez à notre bonne Mère, et vous lui demanderez de me ramener bientôt à Paris.

Lettre à l'abbé X.

Vuillafans, 9 septembre 1894.

Je n'ai pas besoin de vous dire quel plaisir m'a causé votre bonne visite du 10 août. Cette fois là, je vous ai vu enfin réellement, un peu longtemps ; j'ai pu causer avec vous, comme il fait bon causer entre frères.

Quel que soit l'avenir qui nous est réservé, j'espère que nous aurons encore de temps en temps des heures de réunion, où nous pourrons échanger nos idées, nos espérances, et que de loin nous resterons bien unis, nous écrivant de temps en temps, pour nous aider et nous soutenir. Moi, je sais bien combien, au milieu des peines de la vie, on a besoin de l'affection, des conseils d'un ami, et comme c'est bon d'être unis ensemble pour le bon Dieu ! Il y en a tant qui s'entendent pour le mal...

Lettre à l'abbé F.

Vuillafans, 25 septembre 1894.

Pendant un grand mois encore, je vais rester

ici, jouissant des derniers beaux jours et du soleil de l'automne. Bien triste, par exemple, ce soleil d'automne, car ce sont comme les derniers rayons d'une lumière qui s'éteint. L'automne est triste : cette année plus que jamais, il m'apparaît sous cette impression : mais, après tout, c'est une tristesse fort salutaire, car tout ce qui montre que les choses d'ici-bas passent, s'en vont, et meurent, tout cela est bon, parce que tout cela aide à lever les regards et le cœur vers la patrie où il n'y aura plus d'hiver !

Dans cinq semaines, j'espère rentrer à Saint-Sulpice. Alors, mon cher ami, vous serez bien près de quitter la soutane pour l'uniforme de soldat. Vos désirs alors, bien sûr, vous rappelleraient au séminaire, mais je sais que vous supporterez l'épreuve courageusement, en chrétien, en séminariste.

A la caserne, comme à Lorette, comme à Saint-Sulpice, on peut faire la volonté du bon Dieu, ce qui est la seule chose essentielle et importante. Et cette pensée là, mon cher ami, cette pensée que nous pouvons faire, si nous le voulons, la volonté de notre Père des Cieux, cette pensée doit être une des grandes consolations de notre vie aux heures les plus douloureuses, aux heures de l'épreuve. A la caserne, vous répandrez la bonne odeur de Jésus-Christ, selon l'expression de saint Paul, je crois; vous montrerez que le séminariste est toujours et partout l'homme du devoir, vous donnerez le bon exemple, vous ferez vos efforts pour conserver dans le bien ou pour ramener au devoir ceux qui vous entoureront, vous vous sanctifierez dans le sacrifice.

..... Vos lettres me font toujours bien du plaisir. Merci de celle du 8 septembre. Tous les jours, n'est-ce-pas, soyons fidèles à notre *Ave Maria.*, l'un pour l'autre, dans la chapelle de Lorette...

Dernièrement, je relisais la prière que j'avais lue à Lorette la veille de la Présentation, 20 novembre 1892, le huitième jour de la neuvaine des tonsurés !... Cette prière, c'est M. Vicaire, qui l'avait composée. Je l'avais un peu retouchée, M. Séjalon y avait mis la dernière main. Je ne la relis pas sans émotion. Elle rappelle tant de souvenirs : l'année de Lorette, le cher ami que nous avons perdu ! Nos noms sont sous la protection de Marie. Que notre cœur, lui aussi, reste dans le cher sanctuaire, pour que la Sainte Vierge le protège et qu'elle en fasse un vrai cœur d'apôtre !

Lettre à l'abbé D.

Vuillafans, 28 septembre 1894.

Dans quatre jours, vous retrouverez Saint-Sulpice, les chers confrères du Séminaire... Et pendant ce temps votre pauvre ami restera à

Vuillafans, pensant à Saint-Sulpice, où le porteraient si vite ses désirs. Il regardera tomber les feuilles et venir l'hiver. Ce n'est pas gai, et pourtant je m'y résigne, parce que, en restant à Vuillafans, je sens que je fais la volonté du Bon Dieu. M. Bicil m'a dit de rester ici encore tout le mois d'octobre... Il y a trois mois, avant de partir en vacances, je me croyais bien portant, je me promettais des vacances actives, laborieuses; j'espérais que, cette nouvelle année de séminaire, je pourrais être catéchiste! Les projets des hommes sont dans la main de Dieu, comme la feuille dans le tourbillon du vent d'automne ..

Retraite du mois.

Vuillafans, 5 octobre 1894.

Mon Dieu, mon Dieu ! à cette heure ils sont tous ensemble dans ce cher Séminaire, et moi, je suis ici comme exilé ! Seigneur, le sacrifice que je prévoyais m'est imposé, en partie du moins. Aidez-moi... Au lieu d'être seul à seul avec vous pour me retremper dans votre amour, je dois continuer à vous servir dans cette vie du monde, sans avoir repris des forces aux sources de votre grâce. Mon Dieu, soyez ma force... Ici, je fais votre volonté sainte. Mon Dieu, que je la fasse en tout, pour tout !

Que ce dernier mois soit une préparation à

cette année de séminaire, qui, je l'espère, me sera accordée par votre grâce, qui sera, peut-être, l'année de ma consécration irrévocable ! Jésus, avec vous dans l'épreuve, je vous suis au Calvaire en ces jours !

Lettre à M. Dufresne

Vuillafans, 11 Octobre 1894.

Le 11 Octobre, vous écrire depuis Vuillafans, à une heure où les séminaristes de Saint-Sulpice revoient Issy et Lorette, c'est très triste, et c'est à cela que je suis condamné pour le moment. Les autres sont au travail, et moi, presque comme un être inutile, je suis en repos : c'est très dur, et depuis dix jours, j'ai eu des instants de tristesse. La seule consolation que j'ai et qui doit bien me suffire, il est vrai, est de penser que je fais la volonté du bon Dieu...

Il y a des heures où l'on sent d'une façon évidente et bien personnelle le besoin d'une autorité enseignante, et je crois que souvent je suis à ces heures. Que c'est bon d'être de l'Eglise, pour croire ce qu'elle croit, et n'avoir qu'à obéir !

Retraite du mois

Vuillafans, 8 Novembre 1894.

Voici, mon Dieu, que l'heure approche où je vais regagner la maison sainte du Séminaire...

Je vais rentrer ; que sera cette année, Seigneur ?... Jamais l'avenir n'a été plus mystérieux. Ce sera peut-être l'année de la mort ! Ce sera peut-être l'année du sous-diaconat, de la consécration suprême. Que votre volonté soit faite !

Du moins, mon Dieu, que je me jette autant que vous le voulez dans cette vie du séminaire ! Il faut être radical dans le bien : il faut vous donner tout, ne rien laisser pour soi, pour le monde. Que je suis loin, hélas ! de cet abandon à votre volonté, de cette facilité à la grâce. Fortifiez-moi, Jésus. Avec vous, à la vie, à la mort !

La mort !... Ces jours-ci, j'ai pensé à nos chers morts : Le 2, j'ai pu me retrouver sur nos tombes. Que c'était triste et consolant ! Mon Dieu, que vous serez bon de nous réunir tous dans une vie meilleure !

Lettre à M. Dufresne

Saint-Sulpice, 28 novembre 1891.

Nous revenons d'Issy, et c'est avec vous que je veux paser le reste de cette soirée, dans ma petite chambre de Saint-Sulpice, où je suis installé depuis six jours. Comme c'était triste de ne plus vous retrouver à Issy, mais comme ce sera bon, si je puis un jour vous retrouver à Rome !

Je suis rentré ici un peu tristement, peiné que j'étais de l'inquiétude de ma bonne mère, peiné aussi de faire ainsi mon séminaire. Aujourd'hui, je suis résigné, plus que résigné même : je sens que c'est la volonté du bon Dieu, et je sens que cette volonté m'est bonne, parce que, pour l'heure présente, elle m'humilie et me préserve par là de tout ce qui, au séminaire, aurait pu flatter mon amour-propre et me détourner de la vraie voie. Malade, incapable de grands efforts, réduit à faire tout doucement cette année de séminaire, que j'avais rêvée active, je me sens bien davantage sous la main, sous l'autorité de Dieu, et je comprends davantage que l'humilité est la vérité. Mon état actuel me fait supposer que peut-être je serai malade plus tard, ce qui me laisse bien calme. Je comprends du moins la valeur de la vie. Puissé-je bien employer ce que Dieu m'en donnera !

Retraite du mois

Saint-Sulpice, 2 décembre 1894.

Merci, mon Dieu, merci de l'épreuve : merci de m'avoir davantage ramené à vous par la souffrance physique et morale. Maintenant, je sens ma misère, je sens que je suis sous votre main très douce, très paternelle, je comprends bien, à la lumière de la mort, la valeur de la vie. Mon Dieu, merci !... Maintenant, la vie du séminaire est commencée de nouveau... Que me réservez-vous pour cette année ? Vous le savez. D'avance, j'accepte ; que votre nom, lui, soit béni !

Retraite au Séminaire Saint-Sulpice

15-23 décembre 1894
(pour remplacer la retraite d'octobre).

Mon Dieu, voici peut-être la retraite qui séparera les ordres mineurs du sous-diaconat, voici peut-être la dernière retraite que je ferai avant de mourir. C'est sur la pensée de la mort que je veux fixer le soir de cette journée... Il est évident que je puis mourir bientôt... c'est-à-dire quitter ma famille, ma mère, mes amis, ma vie sacerdotale tant aimée, tant désirée...; mourir jeune, sans être prêtre... Seigneur, comme vous le voudrez : aux pieds du crucifix, j'accepte : au lieu d'unir une vie d'immolation à l'immolation du Calvaire, je veux bien, si vous le voulez, unir demain ma mort à votre mort. Il faut donc que je vive comme si je devais bientôt mourir... Bientôt! La vie, même la plus longue, est si courte!... j'ai vu de près la mort dans mes pensées. Les jours qui me seront laissés, mon Dieu, je veux vous les donner pour vous aimer, pour vous faire aimer.

En dehors de cela, toute vie est vaine et stérile... A l'heure de la mort, que voudrais-je avoir fait?... pour moi?... pour les âmes?... pour Dieu?...

..... *Le prêtre doit être saint.* Les intérêts de Dieu le demandent. — Le prêtre est leur défenseur en ce monde;... par le prêtre saint, Dieu, si bon, si grand, si beau, établit son règne dans les âmes;... par le prêtre médiocre, il est comme déshonoré...

Les intérêts de l'Eglise le réclament... L'Eglise, aux yeux du monde, c'est le prêtre; pour l'ouvrier, pour l'homme du monde, l'Eglise, c'est le prêtre qu'ils voient passer tous les jours... O prêtres, voyez donc qui vous représentez!... Parfois, mon Dieu, j'ai entendu injurier le prêtre, et il m'a fallu passer, recevant l'affront avec vous... Pauvres gens, élevés peut-être dans de terribles préjugés!...

Le prêtre doit être saint, pour faire son salut... Pour lui, pas de médiocrité! ou très haut, ou très bas : on ne résiste pas en vain à la grâce de Dieu... Infidèle à la grâce qui l'appelait à la haute vertu, le prêtre sera abandonné par Dieu, et alors, ce sera la mort douloureuse, désespérée, le jugement de la condamnation, l'enfer; l'enfer avec ses souffrances éternelles, immuables, atroces, avec ses remords, son désespoir; l'enfer, loin de Dieu entrevu à l'heure de la condamnation dans sa majestueuse et infinie beauté; l'enfer avec les démons; ce sera l'enfer du prêtre, avec des souffrances plus terribles ,une honte plus écrasante... des remords plus déchirants .. Le prêtre, loin de Dieu, loin de Jésus, au nom de qui il a été fait prêtre, au nom de qui il a pardonné les péchés, loin de Jésus, qu'il a tenu dans ses mains consacrées, dont il a tant, tant de fois, aux heures de son innocence, baisé avec amour l'image crucifiée!... Toujours prêtre et toujours damné!... O prêtre, sois fidèle à la grâce ; songe, songe donc qu'un sacrifice refusé peut être la cause de ta perte éternelle... O Jésus, mort pour notre amour, donnez-nous la grâce de mourir dans votre amour !

Le prêtre doit être saint pour les âmes!... Infidèle à sa vocation, il sera cause de la perte de plusieurs... Ces âmes qui, s'il l'avait voulu, auraient grandi dans la vertu, resteront médiocres jusqu'au bout ;... ces âmes, qu'il aurait pu soutenir, tomberont dans les mains du démon ;... ces âmes qu'il aurait pu sauver à la dernière heure et envoyer devant le juge souverain avec la parole du pardon et la promesse, ces âmes partiront, pécheresses jusqu'à la fin, impénitentes et condamnées ! O prêtre pécheur, tu ne les aimais donc pas les âmes, tu ne les aimais pas !. . à cause de toi, pour l'éternité elles seront dans l'enfer, à haïr Dieu, à souffrir, au lieu d'être au ciel à aimer Dieu, à être heureuses ! Tu pouvais les arracher du feu de l'enfer, tu ne l'as pas voulu... Jésus, mort sur la croix pour sauver les âmes, apprenez-nous donc ce qu'elles valent, ce qu'il faut savoir souffrir pour les sauver !

Le prêtre doit être saint aujourd'hui surtout,... parce qu'il est méconnu, parce que le saint doit faire accepter le prêtre !

Il y a bien à réfléchir sur ces simples mots.

.... Que faut-il pour remettre le Christ à la base de la société ? Des saints ! Toujours des saints !

Douleurs du prêtre

..... Se laisser soi-même que c'est difficile, ô Jésus ! Au pied de votre tabernacle ou de votre croix, à l'heure de la prière, il semble que déjà on est arrivé à cela, et, loin de votre souvenir, quand l'occasion se présente, on se cherche de nouveau, comme par le passé : voilà le cœur humain ; il veut bien tout recevoir de vous, mais il ne veut rien vous donner.

Voilà le cœur misérable que j'ai, ô Jésus ! Je souffre de ma faiblesse, et je n'ai pas le courage de me changer... A l'œuvre ensemble, il le faut !

Le renoncement est *nécessaire*, parce qu'il tue la nature mauvaise, qui penche vers le mal et qui détourne du bien. Il est nécessaire, parce qu'il est la volonté de Dieu ! La volonté de Dieu, c'est l'unique chose qui importe en ce monde. — L'accomplir, c'est le devoir, c'est la grandeur... La volonté de l'Etre Tout-Puissant, infiniment beau et bon !

Il est *fécond*, parce qu'il donne la sainteté ! La sainteté, c'est, en effet, l'identification de la volonté humaine à la volonté divine... Et alors, je serais un saint! Un saint prêtre, saint pour tenir Jésus dans mes mains, saint pour donner l'exemple aux hommes, saint pour consoler, pour exhorter, pour aimer les hommes, pour le salut de mon âme.

Il est *consolant*, parce que la joie de la conscience, l'amitié de Jésus l'accompagnent; tandis que la tristesse accompagne toujours la gloire du monde, la joie des justes, qui est en Dieu, est dans la vérité... Oh! la joie d'avoir obéi au Père des cieux, d'avoir fait la volonté de Jésus, de n'avoir rien à se reprocher dans sa conscience, la joie d'avoir renoncé à tout pour Jésus, pour les âmes! Ami de Jésus, consolateur, sauveur des hommes, quelle joie, quel honneur! Dieu! Jésus! L'Eglise! Les âmes! Mon âme! .. C'est pour cela qu'il faut vivre, c'est en pensant à tout cela qu'il faut recevoir la grâce de Dieu pendant ces années, ces jours, ces heures du séminaire! Pour Dieu, pour les âmes, le sacrifice à accepter, à aimer, à demander... Pour Dieu, pour les âmes, être l'homme du devoir, de la docilité absolue à Dieu qui parle au fond de l'âme!

O Marie, plus que jamais, je me donne à vous. C'est surtout aux heures de l'angoisse que la mère est près de son enfant. Puisque la croix est donnée à mes bras, l'angoisse à mon cœur, ô ma Mère, fortifiez votre enfant. Donnez-moi une sainte vie, une sainte mort! Je voudrais tant être prêtre, pouvoir tenir une fois Jésus dans mes mains, pouvoir consoler une âme, convertir un pécheur. O Mère, que tout ce qui m'arrive, me soit envoyé par vous. Toujours tout pour vous, avec vous, en vous, par vous! Cœur sacré de Jésus, vous à qui je dois ma vocation sacerdotale, je me confie à vous pour la vie, pour la mort. Amen. (*25 décembre 1894.*)

Lettre à M. Dufresne

Saint-Sulpice, 19 février 1895.

Ma santé laisse à désirer, mais je sens que je dois m'abandonner à la volonté du bon Dieu. Pourtant, hélas! j'ai parfois bien peur de mourir. J'en ai peur pour moi, pour ma pauvre mère. Le soir, quand j'ai de la peine à m'endormir, je broie du noir dans ces pensées... Ce n'est pas chrétien d'avoir ainsi peur de la mort. Maintenant, il est vrai, je voudrais vivre encore un peu pour être sous-diacre, prêtre.

Retraite du mois

Saint-Sulpice, 24 février 1895.

Seigneur Jésus, il faut être si saint, à cause de vous, à cause des âmes à sauver! Pitié pour les pécheurs, pour ceux qui vous outragent, qui vous offensent!...

Ce mois de mars est aussi le mois de saint

Joseph! Saint Joseph, l'ami, le père, le consolateur, celui qui sait éclairer, diriger... Je lui confierai mon avenir, cet avenir si incertain pour moi, qui parfois m'inquiète tant, pour lequel je fais tant de rêves. Saint Joseph, où Dieu voudra! montrez-moi ma place, montrez-moi la volonté de Dieu.

Retraite du mois

Saint-Sulpice, 24-25 Mars 1895

O Mère, tout me rejette vers vous ; je sens que vous me demandez d'être votre enfant, votre esclave, votre apôtre ; je sens que nous travaillerons ensemble pour Jésus!... Je vous confie donc ma vie avec ses peines et ses joies... D'ici à trois mois, ce sera peut-être le grand jour pour moi. O ma Mère, si vous le voulez ! Que je fasse la volonté de Dieu, et que, avec vous, je fasse la consécration de ma vie à mon Sauveur. Que je serais heureux d'être sous-diacre bientôt!... Cela, comme tout, ma Mère, est entre vos mains !... Pendant ce mois, daignez me donner de comprendre les souffrances de Jésus, de porter avec lui ma croix !... Jésus, Marie, Joseph !

Lettre à M. Dufresne

Saint-Sulpice, 31 Mars 1895

Grâce à Dieu, c'est encore de Saint-Sulpice que je vous écris. Depuis six semaines je me sens relativement beaucoup mieux. Vers le 1er mai, je partirai pour la Franche-Comté où je dois me présenter, le 4, au conseil de révision. Serai-je sous-diacre à la Trinité? L'avenir est mystérieux. Immédiatement après le conseil de révision, la grande décision sera prise.

J'ai confié tout à St-Joseph : le jour de sa fête, j'ai cru comprendre que je ne serais pas sous-diacre cette année, et j'ai fait mon sacrifice.

J'ai donné mon sermon sur le Sacré-Cœur, les 3 et 4 mars. J'ai eu une critique très paternelle : Il parait que le sermon était bon, le style et le débit convenables. Malheureusement la voix manquait considérablement de force, c'était lamentable !

Nous voici à la Passion, à la Semaine Sainte, aux approches de l'ordination. Tout cela tourne davantage les âmes vers Notre-Seigneur. Il y a vraiment ici des âmes bien saintes et bien énergiques, vraiment surnaturelles. Cela fait du bien de les admirer. Qu'on se sent lâche à côté!

Priez beaucoup pour votre enfant pendant ces semaines où tant de choses se décideront. Que Notre-Seigneur me donne du moins la force dans le sacrifice et la croix que je prévois !

Lettre à M. Dufresne

Paris, 7 Avril 1895

D'ici à trois semaines j'ai besoin de m'abandonner

beaucoup à notre bonne Mère. Tout ce que vous m'avez envoyé m'est doublement précieux : c'est Lorette, c'est vous ! Et maintenant il me semble que je penserai, plus souvent encore, à notre bonne Mère et à vous ! car je n'ai qu'à lever les yeux, et devant moi je vois Lorette, la Sainte Vierge que vous m'avez donnée et à qui aussi vous m'avez donné !

Ce matin, j'ai appris la décision du conseil : je suis appelé au sous-diaconat. J'attends avec assez de calme le 4 Mai, jour du conseil de révision. Je suis résigné d'avance à attendre un an, deux ans, plus peut-être, mais ce serait un gros sacrifice.

Retraite du mois

Saint-Sulpice, 26 mai 1895.

Depuis deux mois, mon Dieu, je n'étais pas venu me recueillir à vos pieds... Aujourd'hui, je viens, j'apporte, devant vous, ma tristesse.

Mon Dieu, voici mon âme, cette âme que vous avez brisée... Je viens dire devant vous le *Fiat* de la résignation douloureuse, ou plutôt de l'amour... Mon Dieu, j'accepte la croix... vous me l'avez donnée par les mains de Marie. Soyez béni !

Vous savez, Seigneur, combien j'aurais désiré le sous-diaconat... Vous savez comme je me éjouissais de me donner à vous... Ne me faites-vous pas comprendre, ô Jésus, que je ne suis pas digne encore d'être à vous? Dans ma conduite, il y a eu beaucoup de faiblesses, de lâchetés... Vous voulez que pour être sous-diacre j'aie une âme de sous-diacre. C'est cette âme qu'il faut former maintenant. C'est pour cela que je suis venu... Mon Dieu, je dois, je puis, je veux !...

Lettre à M. Dufresne

Paris, 20 juin 1895.

Votre bonne lettre est venue me trouver à Vuillafans, en mai, bien calme comme il fallait le rester devant la Croix. J'ai pris à ce moment quatre semaines de vacances dont je sentais très clairement l'utilité, et le 20 mai j'ai repris le chemin du Séminaire. Alors j'ai senti vraiment tout le poids du sacrifice : ici, tout venait me faire penser à l'ordination et me briser. La semaine de la retraite a été dure. Le 8 juin, j'ai voulu aller à l'ordination des sous-diacres. J'y ai assisté, à deux pas des ordinands, ému comme eux, et pleurant comme un enfant, moi qui croyais ne plus pouvoir pleurer. A midi, je me croyais calmé, et j'ai voulu rester en récréation pour embrasser les ordinands. Tout a recommencé, et j'ai eu une triste journée.....

..... Parfois je voudrais pouvoir agir, agir beaucoup, le plus loin possible ; je sens que la vie est quelque chose de très grand, que c'est très grand de travailler pour Dieu et pour le bonheur des hommes, et, après cela, je songe qu'une vie humaine est bien peu de chose dans cette immense infinité des choses et des êtres vivants, et cette pensée m'irrite, me désespère. En somme, je pense beaucoup, je ne prie pas assez, je n'ai pas le courage, ou plutôt, je crois, pas la force de beaucoup travailler ;... en récréation, en classe aussi, ce qui est déplorable, d'une gaité exubérante, et, quand je suis seul, d'une tristesse désolante...

Le 10 juin, j'ai pensé beaucoup à l'anniversaire de ma tonsure. En revenant à Issy, après l'ordination, je vous parlais, je m'en souviens, du sous-diaconat. Et vous me montriez comme c'était encore loin ! C'est vrai, c'était bien loin, et pourtant ce serait arrivé, si... Malgré ma tristesse, je crois comprendre qu'il est bon, très bon que j'aie du temps devant moi. Je m'engagerai, sachant davantage ce que je ferai, ayant plus attendu, plus désiré et plus souffert, et comprenant mieux cette parole que, hier, on me faisait approfondir : Dieu seul suffit. A Lui seul, Il suffit, et, seul, Il suffit.

Retraite du mois

Vuillafans, 6 août 1895.

Triste est parfois la vie, Seigneur, pour ceux qui veulent être à vous. Ils se sont donnés à votre service, les joies du monde reviennent leur sourire. . Et la vie, la liberté, le plaisir, tout cela tourbillonne devant leurs regards douloureux ! Et il vient comme des regrets d'avoir tout quitté pour vous !

L'âme, étonnée et tremblante, un instant se détourne de vous pour regarder, et vous, alors, n'est-il pas vrai, Seigneur ? vous aussi vous vous éloignez pour châtier et pour éprouver. L'âme se trouve comme seule en face du monde ; elle se souvient de ses joies passées, de ses plaisirs, de ses succès !... et elle se sent entraînée à revenir vers ces rivages verdoyants qu'elle a quittés pour porter la croix sur le chemin du Calvaire... mais aussi, elle se souvient de ses autres joies, plus austères et plus pures, de ses joies qui font pleurer, et qui ont si délicieusement rempli son cœur quand elle s'est approchée de vous et que vous lui avez montré combien il est doux de vous aimer et de vous servir. O Jésus, à cette âme troublée, décidée sans doute à rester près de vous, mais dont le cœur saigne sous le sacrifice, à cette âme qui s'avance tristement, en soupirant, aux travaux du dévouement et de la souffrance, Jésus, apparaissez ! Montrez-vous dans votre gloire : dites un mot, vous calmerez la tempête. Rendez la joie du renoncement, rendez le courage pour monter vers vous, rendez l'ardeur, l'enthousiasme, la jeunesse du cœur ; le cœur doit toujours rester jeune pour vous aimer et pour aimer les hommes. Tout se brise et se fane : les vents qui passent emportent quelque chose de nous-mêmes et dispersent notre vie : mais la charité demeure. Elle demeure au ciel : sur la terre, à mesure qu'on approche du ciel, elle doit donc devenir plus forte, plus puissante, plus rayonnante, pour resplendir dans sa grande lumière, de l'autre côté du voile que la mort déchire en nous ouvrant l'éternité.

Au milieu de la vie agitée et tumultueuse du monde, Marie, ma bonne Mère, gardez votre enfant. Tenez-moi par la main. Plus que jamais, à l'heure de la tristesse, j'ai besoin de vous confier tout, la vie et la mort, le présent et l'avenir, l'incertain de l'avenir. Cet avenir, s'il m'est donné, faites-le, ô Mère, tel que vous le voulez pour la gloire de votre Fils, pour le bonheur des hommes, frères de Jésus-Christ et vos enfants.

Lettre à M. l'abbé G.

Août 1895.

.....Oh ! mon ami, comme on a besoin de force morale à l'heure où la maladie vient se présenter ! De loin, on se figure qu'on commence à aimer la croix, et, de fait, on est sincère dans cette acceptation anticipée et généreuse des douleurs et des épreuves. On veut bien souffrir, on dit bien à Dieu de faire en nous sa volonté et non pas la nôtre ! Et voilà qu'un jour l'épreuve se présente sous une forme à laquelle on n'a pas songé, et qui brise tout, les projets, les désirs, les espérances..... Oh ! alors, mon ami, qu'il est difficile de demeurer calme et tranquille, dans l'abandon absolu à la volonté de Dieu !..... Je voudrais une vie active, je voudrais travailler..... et je ne puis rien. Il faut le repos, le calme, la paix, la cessation de l'activité un peu débordante que je rêvais ! C'est dur !..... Et surtout, mon ami, comme on est peu résigné à la mort ! Je ne sais comment je suis bâti, mais, chaque fois que je sens ma santé s'ébranler un instant, je pense bien vite au peu de chose qu'est la vie humaine, et cette pensée m'attriste : dire qu'il faudrait renoncer à l'avenir, à tout cet avenir qui semble être la raison d'être de notre existence, à ces joies des ordinations, à ces années de sacerdoce entrevues au Séminaire comme la récompense laborieuse et douloureuse de nos efforts ! On fait tant de projets à vingt ans ! Cependant, je vous dirai que, si je ne suis pas content de moi pendant la maladie, je crois pouvoir constater après coup que la maladie me fait du bien tout de même. Quand la santé est revenue, on sent bien mieux que la vie vient de Dieu ; on comprend que l'on vit sous la main très douce et très paternelle de ce Dieu ; et puis, la valeur, le but, la fin de la vie sont plus faciles à saisir : Dieu est le salut du monde. Hors de cela, rien.....

Lettre à l'abbé F.

Vuillafans, 10 Août 1895.

Dans un an ou deux, qu'adviendra-t-il de nous ? Nous serons dispersés sans doute à deux bouts de la France, mais, en partant du Séminaire où nous aurons essayé de comprendre et de faire ce que c'est que se préparer au sacerdoce, nous emporterons, au milieu de tant de souvenirs, bien vivant et bien doux, le souvenir de Lorette : c'est là que nous nous retrouverons, et si la vie se passe sans nous réunir, si notre amitié, comme tant d'autres choses, est sans cesse transpercée par la séparation, nous saurons revenir par la pensée aux joies de notre jeunesse, aux joies de notre affection, née sous le regard de Marie, et revivre du passé en attendant la réunion dernière.....

Je voudrais bien pouvoir vous raconter, de mon côté, mes faits et gestes, vous dire que je travaille, que j'ai une vie bien active. Mais, hélas ! Les vacances se passent, et je les regarde passer, en ne faisant rien. J'ai été très souffrant pendant la dernière quinzaine de juillet..... Je ne me plaindrai pas d'avoir été obligé de me soigner pendant mes vacances. D'ailleurs, il ne faut jamais se plaindre, quand la volonté de

Dieu est accomplie en nous, même dans nos tristesses, dans nos souffrances. Malheureusement, cela est facile à dire, difficile à faire.....

Et pourtant, il faut, et cela toute sa vie, garder son ardeur, son élan, son enthousiasme, son courage pour l'effort, sa jeunesse de cœur. Il faut garder la claire vue des vérités saintes une fois connues et aimées, pour toujours les mieux comprendre et les mieux faire passer dans sa vie. Il ne faut pas vieillir.....

Retraite du mois

Vuillafans, 4-5 octobre 1895.

Que votre volonté se fasse donc en moi, mon Dieu ; qu'elle se fasse dans les souffrances d'une année de repos, en apparence stérile pour votre gloire, dans les souffrances d'une année de travail douloureux et incertain, dans la santé, dans la maladie, ici, là-bas, où votre cœur m'appelle et me réclame. Qu'importent nos désirs ? O mon Dieu, brisez-les, si, tout brisés, ils doivent confesser votre nom et prouver votre gloire.

Que votre volonté se fasse encore en moi, mon Dieu, par une constante fidélité à obéir à votre voix. Tout est étrange dans ma vie d'aujourd'hui. Que, dans cette vie, je comprenne ce que vous demandez de moi, ce que je peux, ce que je dois pour l'accomplir sans faiblesse, sans défaillance.

O Marie, rendez-moi mes forces, ma vie, mon sacerdoce. Mais surtout donnez-moi d'être le serviteur fidèle, donnez-moi de répéter toujours avec soumission et amour la parole de Jésus, votre fils et mon Sauveur : « O Père, que votre volonté soit faite, et non pas la mienne! » Saint Joseph, priez pour nous. Saints Anges, gardez-nous. Saint Antoine de Padoue, protégez-nous. Saint-François d'Assise, apprenez-moi à souffrir!

Lettre à M. Dufresne

Vuillafans, 15 octobre 1895.

Deux mois et demi de vacances, de soins, de repos ont abouti dans la deuxième quinzaine de septembre à une pleurésie, qui est venue m'enlever tout espoir de rentrée prochaine à Saint-Sulpice. On m'a soigné énergiquement et je suis guéri. Mais, du point où je suis à une rentrée à Saint-Sulpice, quel abîme! J'espère partir fin novembre, mais chose presque étrange, et peut-être presque mauvaise, si cela n'est pas possible, il me semble que je me consolerai sans trop de difficultés. Car vraiment, dans cette faiblesse physique où je suis depuis trois mois, il me semble que, moralement aussi, je viens à faiblir. C'est l'ardeur et le courage qui s'en vont, pour faire place au laisser-aller et à la moindre action ; c'est l'absurde regret des quelques joies de ce monde qu'il a fallu quitter et qu'il faudrait oublier. Mais aussi, quelle vie que cette vie de vacances! Pas un jour à passer dans le calme et la tranquillité. Les visites, les convenances sociales vous arrachent le temps des mains et empêchent le recueillement, la prière, le travail. Ce qui me console, c'est qu'au fond de l'âme je soupire après le silence et la paix, qui n'est pas celle du monde.

Lettre à l'Abbé M.

Vuillafans, 20 Octobre 1895.

Comme le bon Dieu vous éprouve, mon pauvre ami! Il vous enlève tour à tour ceux dont l'affection vous entourait et qu'Il semblait avoir mis près de vous pour vous aider à porter les autres tristesses de la vie. On dirait qu'Il veut de plus en plus vous rapprocher de Lui, en vous enlevant ce que vous aimez le plus en ce monde. Oh! bien sûr, cela vous rapproche encore de Dieu : Il ne ne nous sépare ici-bas que pour nous aider à mériter de reformer près de Lui les affections que la mort brise sur la terre.

Vous me parlez des Abbés C. et M. qui sont aux Carmes. Comme il serait tentant d'aller les retrouver! Pour le moment, hélas! je ne songe qu'à rester à Vuillafans, où je jouis de ces derniers beaux jours, tristes comme tout ce qui est de l'automne.

Per crucem ad vitam

Vuillafans, 29 Octobre 1895 (1) (L. J.)

Chaque soir, Seigneur, souvent du moins à ces heures où tombe la nuit, je veux venir me recueillir dans le calme et le silence, écrire les pensées de mon âme, des pensées, qui, je l'espère, seront les vôtres. Vous me donnez, mon Dieu, du repos et du temps. Ce repos, je veux le rendre fécond pour votre gloire. Il faut que j'apprenne à connaître le monde, à connaître les hommes dans leur grandeur pour les respecter, dans leurs douleurs et leurs misères pour les aimer et pour trouver la force de travailler pour eux. Vous venez, Seigneur, de me rendre la vie, après m'avoir anéanti, comme pour m'apprendre que vous êtes le Maître, vous me relevez de votre main, et de nouveau vous montrez à mes regards le monde où il y a tant de souffrance et d'ignorance, et vous me dites d'y aller pour enseigner, fortifier et consoler. Oh! quelle joie, Seigneur Jésus, de consacrer ma vie à l'œuvre qui fut la vôtre, à l'œuvre qui absorba vos forces, vos pensées, vos affections, votre vie! Travailler pour Dieu ! Conduire les hommes à Dieu ! Faire le bonheur de ceux qui souffrent ! Etablir autour

(1) Ici commence le *Journal* de M. l'Abbé Grenier. Désormais, nous en publierons des extraits concurremment avec ceux du cahier de retraites, dont nous les distinguerons par cette indication : L. J.

de soi le règne de la vérité, de la justice ! Donner aux hommes la paix, leur rendre l'espérance, la consolation pour cette terre, et Dieu pour l'Eternité ! Seigneur, rendez moi moins indigne de vos desseins sur moi : fixez bien mes désirs, mon âme tout entière vers ce qui est la vérité, vers ce qui est le but, la fin, vers ce qui est vous même.

Vous le savez, Seigneur, en écrivant chaque jour ces quelques lignes, je n'ai pas d'autre pensée que de me préparer à faire ce que vous voulez. Et donnez-moi, mon Dieu, de n'avoir pas une vie stérile et lâche ! Les hommes sont là, qui attendent le prêtre. Donnez-moi d'aller à eux, digne de vous, digne de ces âmes !

Vuillafans, 1er novembre 1895. (L. J.)

Grande et belle journée ! L'Eglise tout entière unie près de Dieu, l'Eglise qui triomphe, l'Eglise qui souffre, l'Eglise qui combat. Qu'elles sont belles et touchantes, nos fêtes catholiques ! Comme notre dogme de la vie future s'accorde avec toutes les aspirations de notre cœur ! M. le curé nous a fait, à vêpres, un beau sermon sur les morts. On était très ému dans notre chère église. Je ne sais rien de plus touchant que de voir des hommes, cuirassés en apparence contre toute émotion, pleurer de tristesse et d'espérance ! Eh oui, nous pleurons, mais pas comme ceux qui sont sans espoir ! Quand nous allons au cimetière, sur nos tombes, nous savons bien que nous sommes sur de la poussière, mais nous savons aussi que cette poussière deviendra gloire et triomphe ; nous savons que Dieu brise ici-bas nos affections pour nous aider à mériter de les retrouver plus fortes et plus saintes près de Lui ; nous savons qu'un jour le Père réunira ses enfants, qu'il n'y a plus de destruction pour ceux qui sont dans le Christ-Jésus ; nous savons que ceux qui sont morts sont plus vivants que nous ; nous savons que la mort jette un vide entre ceux qui partent et ceux qui restent : mais le voile sera déchiré à jamais !

Que les affaires du monde sont peu de chose à côté de ces grandes pensées !.... Les politiques s'agitent : il faut former un ministère..... Pauvre France, que de larmes et de sang il faut verser dans le sillon, pour en faire germer le salut !

Lettre à l'abbé F.

Vuillafans, 2 novembre 1895.

Oh ! comme c'est bon, cher ami, de sentir comme je le sens, qu'on n'est pas seul en ce monde, et que, à l'heure de l'épreuve, on a des amis qui vous soutiennent, et qui, par leur affection, partagent vos tristesses en demandant à Dieu de les consoler !

Priez, priez pour moi : j'en ai grand besoin. Je ne sais ce que sera l'avenir, et pour le moment, c'est dans la nuit que je vis. Du moins, ma santé ne me donne pas d'inquiétude : ma maladie n'a pas été bien grave, elle m'a occasionné peu de souffrances, assez pourtant pour me faire comprendre que, pour aimer la souffrance, il y a du chemin à faire. Comme on se dérobe vite devant la douleur ! Comme on la fuit ! Comme on est lâche devant elle !

Je ne sais quand je rentrerai au Séminaire, peut-être dans un mois, beaucoup plus probablement au printemps seulement. Dans cette dernière hypothèse, j'ai devant moi bien des semaines de calme, de repos. Comment vais-je les employer? Que d'écueils dans cette vie de vacances prolongées : d'un côté, le laisser-aller, la trop facile résignation à ces journées inoccupées, stériles ; de l'autre, le découragement : qu'il est donc facile de perdre son ardeur d'autrefois, et de se laisser endormir du sommeil dont dort l'humanité !.....

Eh bien, laissez-moi vous dire que je comprends vos larmes, et laissez-moi aussi vous dire que vous serez bien heureux, si vous êtes appelé là ! Oui, je comprends vos larmes, parce que la vie du Sulpicien, même surnaturellement parlant, est atrocement dure, parce qu'elle est d'une monotonie écrasante, souvent d'un froid douloureux, parce qu'elle est pleine de l'immense souffrance de voir parfois des jeunes gens, pour qui on se tue, infidèles à la grâce de Dieu, insuffisamment dignes de leur vocation.

.....La vie est d'autant plus belle et *plus féconde* qu'elle *est plus douloureuse* : et puis, quelle grandeur de faire dans le prêtre, non pas le caractère sacerdotal, mais l'âme sacerdotale ! Quelle vie utile aux hommes, que celle que Dieu fait aux prêtres! De plus, il y a des consolations : on accuse parfois les Sulpiciens d'être froids ; peu importe qu'on ait tort ou raison : vous, n'est-ce pas? vous ne serez pas froid, vous ouvrirez et vous donnerez tout votre cœur, vous aurez la joie de faire du bien, de consoler, d'être aimé ! Les pauvres séminaristes, ils souffrent bien parfois ! Quelle joie pour le cœur d'un prêtre de les consoler, de leur rendre courage, de les faire dignes du sacerdoce à venir ! Ce n'est pas moi, cher ami, qui veux décider de votre vocation, ce n'est pas moi qui oserais même vous donner un conseil.

Vuillafans, 4 novembre 1895. (L. J.)

Ce matin, M. le curé a dit une messe pour les jeunes gens qui vont partir à la caserne. Il leur a adressé quelques paroles pleines de cœur qui ont dû toucher et faire du bien. Serait-ce donc si difficile de conserver la religion et la morale dans l'armée? Est-il vrai que l'homme est méchant, qu'il ne veut pas du prêtre? On le dit parfois, mais ces hommes que l'on accuse, ont-ils jamais été mis en contact avec un prêtre, un vrai, qui s'intéresse à leur vie, qui se dévoue pour eux ?

Quoi qu'il en soit, cette messe de ce matin était bien touchante! Je revois passer devant moi ces deux grandes choses qui se grandissent l'une l'autre en s'unissant, la Religion et la Patrie ! La Patrie! c'est bon d'en parler quand cette patrie est la France.

Vuillafans, 6 novembre 1895. (L. J.)

Les appels aux ordinations ont été faits à Saint-Sulpice..... Mes amis avancent à grands pas vers le sacerdoce, et je reste au bas de la montagne, dans une oisiveté douloureuse. C'est une dure épreuve; quelques mois me séparaient de la fin du séminaire, du sacerdoce peut-être, et voilà que tout est reculé à un avenir lointain peut-être, incertain à coup sûr. Ah certes ! je souffrirai pendant cet exil, mais je dois souffrir dans la soumission absolue à la volonté de Dieu qui permet cette épreuve. Qu'importe, après tout, un peu plus de science, quand on reste dans l'ordre voulu de Dieu ! Et puis, pourquoi me plaindre ? Ici, ne suis-je pas heureux avec ma bonne mère? Que d'autres n'auraient pas les soins, les douces joies que je vais avoir !

Vuillafans, 10 novembre 1895. (L. J.)

Ce soir, j'ai pu travailler sérieusement dans la paix. Quelle joie n'y a-t-il pas dans un travail ainsi compris, fait courageusement, entrepris pour Dieu et les hommes, et continué dans la persévérance? Un tel travail est une joie qu'il est doux de connaître : il est aussi un devoir sacré. Le prêtre a besoin de savoir beaucoup pour défendre l'Eglise par la vérité : ce n'est pas une autre arme qu'il faut employer au service de Jésus-Christ. Et puis, je songe aux misères du monde, à l'ouvrier gagnant à peine le pain d'une vie chétive et douloureuse. Eh bien, moi, je veux pouvoir faire du bien à ces hommes, je veux pouvoir être médiateur et consolateur. Que ferais-je donc pour les pauvres, comment aurais-je le droit de leur prêcher la résignation, comment pourrais-je même leur parler, si je n'ai pas compris que le travail est le grand devoir, la loi de cette terre? Comment pourrais-je enseigner, si je n'ai pas réalisé dans ma vie le devoir du labeur courageusement accompli pour Dieu ?

Travailler pour la science à acquérir à cause de Dieu et des hommes ! Travailler pour l'honneur de l'Eglise et la paix de ma conscience, afin de pouvoir dire bien haut : je ne suis pas de ceux qui jouissent, je suis de ceux qui travaillent !

Vuillafans, 15 novembre 1895. (L. J.)

Aujourd'hui, j'ai fait mon chemin de croix. Comme c'est bon et fortifiant de penser ainsi à l'amour de Notre-Seigneur! C'est le vrai remède à toutes les tentations, c'est le grand levier qui nous soulève et donne à notre volonté une force autrement inconnue !

Ces jours derniers, j'ai été par deux fois insulté dans mon village. Un soir, je suis rentré bien attristé, presque découragé. Mais qui donc faut-il condamner ? Où sont les vrais coupables, les plus criminels : ceux qui insultent ou ceux qui montrent dans le prêtre l'ennemi éternel ? Ce qui est souverainement décourageant et écœurant dans ces insultes, c'est qu'elles sont lâches. On ne les lance pas en plein jour, ou bien, si on le fait, c'est à l'abri du regard. Oh ! s'ils vous crachaient l'injure à la face, de tout près, en pleine lumière, les bras croisés, et attendant une réponse, oui, j'aimerais mieux cela. On irait au moins à l'insulteur, on le ferait rougir de sa conduite, on lui prouverait par cette simple et confiante démarche que le prêtre n'est pas l'ennemi du peuple, qu'il n'a pas peur d'aller à lui ; mais non, il faut passer en silence, et subir l'affront avec le Christ.

Vuillafans, 21 novembre 1895. (L. J.)

Aujourd'hui, c'est la grande fête de Saint-Sulpice. J'étais bien triste ce matin. O mon Dieu, c'est dans la souffrance que je vous redis le *Dominus pars* de ma première consécration, dans la souffrance morale du moins. Oh oui !

vous êtes bien *pars calicis mei* : c'est pour vous que je souffre aujourd'hui. Car c'est une vie utile que je veux, et vous me donnez une vie en apparence stérile. Si c'est là le calice que vous me destinez, si, ce calice, je dois le boire jusqu'à la lie, mon Dieu, soyez béni ! Je m'unis à vous, Seigneur Jésus, à Marie, ma Mère, pour accepter en tout votre volonté, dans la santé, dans la maladie, dans l'apostolat de l'action, dans l'apostolat de la souffrance.

Vuillafans, 23 novembre 1895. (L. J.)

Hier matin, j'ai reçu la lettre qui est venue m'enlever mes dernières espérances. Maintenant il est très clair que je resterai ici tout cet hiver.

Ce sera une vie très douce, très douloureuse en même temps.

O mon Dieu, j'avais vu à la lumière de votre grâce que la vie doit être donnée au salut du monde, et vous me retenez aujourd'hui loin du combat... Les autres sont au travail ; moi, je suis au repos.

Mais c'est bien dans cette pensée même, ô Seigneur Jésus, que je dois trouver ma pleine consolation. Cette vie, c'est vous qui me la donnez, qui la voulez. Du moment qu'elle est dans votre volonté, et qu'elle brise et anéantit mes plus ardents désirs, n'est-elle pas plus méritoire ? Oui, je le sens, ici, dans le repos, dans la douleur de ces journées solitaires, je puis être plus utile au monde, je puis prier et souffrir, et, offrant le sacrifice de ma volonté, jeter un poids dans la balance du bien, creuser un sillon où germeront des épis pour la moisson à venir. J'accepte, Seigneur, je remets tout entre vos mains. Conduisez-moi, vous êtes la Sagesse, le Bien : je suis l'erreur et le péché. Vous êtes le Maitre, je suis le serviteur.

Vuillafans, 26 novembre 1895. (L. J.)

Après midi, j'ai conduit ma nièce chez les sœurs... Elle était là, la bonne sœur, au milieu d'une quarantaine de bambins et de bambines... Et c'est là qu'elle passe six heures par jour ! Et c'est ainsi que passe sa vie... une vie donnée aux enfants des pauvres, donnée à la faiblesse; une vie de dévouement souverainement admirable, et peut-être souverainement méconnu... Mais que lui importe ! Elle a fait son devoir : elle a donné ses forces, sa vie à ces enfants, qui, plus tard, dans leurs désordres, se souviendront, peut-être, l'âme émue, de tant de patience unie à tant de bonté. Elle a travaillé pour le bon Dieu ; elle a réalisé l'idéal, entrevu aux heures de sa jeunesse, au milieu du miroitement des joies de ce monde : elle a servi le Christ dans la personne de ces petits qu'Il a tant aimés !

Et demain, quand elle sera morte ou malade, demain, quand il faudra la remplacer, il s'en présentera une comme elle, qui demande un peu de pain pour vivre, beaucoup de souffrances à porter. Mais la Loi sera là pour lui dire : Ma sœur, au nom de la Liberté, je vous défends d'entrer.

Retraite du mois

Vuillafans, 6-7 décembre 1895.

Il y a un an j'avais retrouvé le Séminaire.

Aujourd'hui, comme tout est changé ! Ici, j'ai en perspective encore bien des mois de repos, d'impuissance, de sacrifice d'autant plus douloureux qu'on le comprend moins. Oh ! sans doute, ici je suis heureux, bien heureux ! mais enfin, j'ai à porter, à renouveler chaque jour ce sacrifice de voir éloigné ce jour pour lequel je suis fait, ce jour de mon sacerdoce.

O mon Dieu, je vous le fais de toutes les forces de mon âme. Brisez mon Cœur, ô Maître, brisez tous ces désirs, toutes ces aspirations où il y a quelque chose de mélangé et d'impur, afin que ce cœur tout brisé confesse devant vous qu'Il est à vous pour toujours, à vous seul.

Vuillafans, 8 décembre 1895. (L. J.)

Quelle joie j'ai eue aujourd'hui de confier ma vie à ma Mère du ciel, de lui remettre ce cœur agité par tant de tempêtes, pour qu'elle, la Vierge toute pure, elle y fasse régner le calme de l'innocence et la joie de la vertu!

O Mère, conservez-moi dans la chasteté, l'humilité, l'amour fort et agissant de Jésus.

Et ce soir, mon Dieu, je veux vous remercier de m'avoir fait chrétien et de m'avoir conservé la foi au milieu des épreuves et des séductions du monde... Je viens de voir, à X,... ce qu'ils souffrent ceux qui ne croient plus en vous, ceux qui, rencontrant l'image adorable du Christ, l'ont saluée comme un fantôme et n'ont pas su dire : Tu es Dieu. Oh! comme ils pleuraient sur la tombe où la mort a enfoui ce qu'ils avaient tant aimé. Je les ai vus se prendre à rêver un au-delà, à gémir sur les saintes affections de ce monde dont la mort, pour ceux qui ne croient pas, vient, tôt ou tard, glacer les élans et montrer la misère suprême !

Pauvres âmes, vous pleuriez! Ecoutez donc.

Notre foi, cette foi que vous avez perdue, ou que vous n'avez pas su mériter encore, notre foi vous dit : Tes rêves sont des réalités. Pleure, mais espère... Tu as perdu ta mère, ta mère dont toute la vie a été dévouement et vertu, ta mère dont le souvenir chante dans toutes les joies de ton enfance, ta mère qui a été le soutien de ta vie, la consolatrice de tes larmes, le soleil de tes ténèbres... Eh bien, va sur sa tombe et écoute. Tu la reverras un jour, ses cendres renaitront glorieuses : son âme, aujourd'hui dans la paix et la gloire, se penche vers toi, elle te regarde avec amour, elle parle à ton cœur, elle veille sur tes pas comme jadis, quand tu étais tout petit enfant. Pleure, mais espère!... Tiens fidèlement son souvenir, comme, enfant, tu tenais sa main. Un jour, le Dieu de ta mère, ton Dieu, réunira ceux qui se sont aimés sur la terre : un jour, tu la retrouveras dans une vie dont la mort ne viendra pas éteindre la flamme éternelle.

Vuillafans, 11 décembre 1895 (L. J.)

Il y a neuf ans que mon père est mort. Oh! je me rappelle tout cela, toutes ces larmes, toute cette heure douloureuse : mon réveil, ma tante ne trouvant à répondre à ma question que : O mon enfant, ton pauvre père!... mon père étendu dans son lit, comme s'il dormait calme et tranquille... ma mère en pleurs, ma sœur, trouvant encore le courage dans son chagrin de me dire : soyons forts.

Et aujourd'hui, les années ont passé, mais je me rappelle cette parole : soyons forts. Et je veux être fort, fort en face des épreuves qui me seront envoyées par Dieu, fort contre moi-même, fort pour souffrir et pour agir.

O mon Dieu, je l'espère, il est près de vous, celui que vous avez enlevé à notre affection. Mon Dieu, s'il souffre encore, car qui connaît votre Justice ? donnez-lui votre gloire, appelez-le près de vous. Vous êtes père, ne laissez pas souffrir votre enfant. Mon Dieu, pour mon père, j'accepte le sacrifice, celui que vous voudrez, que j'ignore sans doute, mais qui sera voulu par votre cœur !

Vuillafans, 14 décembre 1895. (L. J.)

Ma tante est arrivée ici jeudi, elle nous a quittés ce matin. Mon frère est arrivé hier soir. Ma tante a fait un gros sacrifice en nous quittant, en ne profitant pas de la réunion de famille, mais j'ai bien compris ses désirs : religieuse, elle a choisi une vie de sacrifices, une vie pour Dieu, et toujours, toujours, fût-ce en anéantissant son cœur, elle agira pour Dieu !

M. Y. a appris ce matin la mort de son frère, décédé à Paris. Comment est-il mort ? on ne sait. Mais que c'est triste ! Pauvre enfant de nos montagnes, il était allé là-bas chercher la richesse, l'aisance tout au moins, et il trouve la mort. *Pie Jesu Domine, dona ei requiem !*

Vuillafans, 16 décembre 1895. (L. J.)

C'est à votre amour pour les hommes, ô mon Dieu, qu'il faut penser pour se réconcilier avec cette humanité où germent tant de vices, où s'étalent tant de lâchetés et de crimes. Vous la connaissez mieux que nous, l'humanité, et vous ne vous êtes pas éloigné d'elle. Vous avez souffert pour elle ! Des hommes pourront-ils maintenant se désintéresser de cette immense société, en disant qu'elle est mauvaise ? Elle est mauvaise sans doute, mais il faut agir, souffrir, mourir pour la rendre meilleure.

Et d'ailleurs, elle a du bon, cette humanité. A côté des misères et des hontes qu'elle nous montre, on peut encore reposer avec joie ses regards sur l'honneur et la vertu. Des âmes saintes y font resplendir leur charité, leur humilité, leur pauvreté ; des âmes saintes demeurent, commandant à leur corps, à leurs passions, à leur nature. On sait encore être chaste pour Jésus ! On sait encore tout, tout quitter pour Lui.

Le monde ignore peut-être ces fortes vertus ; nous, nous les connaissons ; nous savons que la jeune fille peut quitter sa famille, sa vie douce et joyeuse, sa vie ensoleillée par l'affection et l'amour, renoncer à être mère pour devenir mère d'enfants qui lui seront confiés, sur qui elle répandra les tendresses et le dévouement de son cœur. Nous savons que la beauté, la force, l'intelligence prennent encore le chemin du cloître pour y souffrir dans l'amour, pour y aimer dans la souffrance : nous savons cela, et nous aimons l'humanité, d'où sortent tant de vertus, où germent tant de fleurs que le Christ bénit !

Vuillafans, 20 décembre 1895. (L. J.)

Demain, c'est l'ordination : demain, mon cours sera le cours des diacres.

O mon Dieu, bénissez ceux qui vont se donner à vous, ceux que vous allez rapprocher de vous ! Mon Dieu, donnez-nous des prêtres, des saints !

Vuillafans, 23 décembre 1895. (L. J.)

Samedi, j'ai reçu un télégramme m'apportant le souvenir, le premier *Dominus tecum* de mes chers amis de Saint-Sulpice. Il m'a semblé que ce souvenir m'arrivait amenant avec lui le courage et la paix, la paix pour les tristesses de l'heure présente, le courage et l'espoir pour l'avenir, que Dieu me laisse si incertain.

Et j'en ai besoin, de courage ! Aujourd'hui, au milieu de cette vie si douce, je me sens si lassé ! Les joies de ce monde tombent dans l'âme sans la remplir.

J'ai soif de vivre pour Dieu, pour les hommes, de vivre pour le travail, le recueillement, la prière.

Oh ! puissé-je sentir toujours, comme ce soir, le néant immense des choses de ce monde, pour fixer mon esprit et mon cœur sur vous, mon Dieu !

Lettre à M. Dufresne

30 décembre 1895.

..... Merci de m'avoir envoyé une image de Sainte Geneviève. Elle me fera souvent penser à notre pauvre France, comme de loin, vous y pensez vous-même. Vous savez, mieux que moi, comme la situation est triste : en dehors de la question qui a suscité une polémique si douloureuse entre catholiques, en dehors de la persécution que votre congrégation a subie, avec tant d'autres, de la part de gens qui voient partout la faiblesse et la lâcheté, comme l'horizon est noir pour l'Eglise de France ! Je ne sais trop ce qui s'est dit à Paris sur cette déplorable loi d'abonnement, mais j'ai été navré de voir des catholiques se tirer les uns sur les autres, à mitraille, suspectant les intentions les plus droites.

Ah ! certes, on peut penser, dans son for intime, ce qu'on veut sur la valeur de la décision prise. L'indépendance d'esprit, la ténacité dans une idée une fois arrêtée est trop grande pour qu'on ait pu espérer le contraire. Mais ce que je n'ai jamais compris, c'est que des catholiques aient pu croire que les congrégations obéissaient à la lâcheté, à la peur. Pauvres chères congrégations, elles auront ainsi chacune leurs persécutions : les unes, la persécution d'une opinion égarée ; les autres, la persécution de la force ; la première est encore plus douloureuse.

Et maintenant, que peut-on espérer de l'avenir ?... On marche peut-être à la dénonciation du concordat. Quand ce sera fait, les jeunes, les exaltés (et je n'ai pas le courage de m'en séparer) les jeunes donc, heureux d'être libres, diront : tant mieux ! Je sens bien qu'il ne faut pas désirer la crise, parce qu'elle sera un mal. Mais après ? Après, en dépit des persécutions, des confiscations, des amendes, des prisons, ne sera-ce pas un bien, si l'Eglise, débarrassée du boulet qu'elle traine à ses pieds, libre vis-à-vis des hommes, peut enfin, comme autrefois, être chez elle et s'occuper de ses affaires ?

Ne sera-ce pas un bien, si des évêques, des prêtres, choisis par Dieu, et non par des hommes, peuvent prêcher la vérité, sans crainte de voir leurs traitements confisqués ? Je sais bien qu'il y aura des difficultés énormes, des difficultés qu'il faudra toucher pour comprendre, mais je ne crois pas que la liberté sera trop chèrement achetée. Dans le clergé, dans l'humble clergé des campagnes, il y a des trésors de force que la servitude aujourd'hui laisse cachés et inaperçus !..... — Ne croyez pas, mon bon Père, que ma pensée soit une critique amère ; mais, je ne puis m'empêcher de constater les chaînes, de sentir qu'elles sont pesantes, et de contempler avec amour le jour (qui peut-être ne viendra pas) où le prisonnier, n'ayant plus le gîte du cachot et le pain de l'esclavage, ira mendier sa nourriture en prêchant où il voudra, ce qu'il voudra, la pleine vérité...

Vuillafans, 30 décembre 1895. (L. J.)

Le 26, je suis parti pour Besançon. Au grand Séminaire, j'ai trouvé un accueil vraiment bon et paternel. J'ai cependant beaucoup souffert pendant ces deux journées passées à Besançon : ma santé était médiocre.....

Une chose m'a consolé, c'est d'entendre M. C. me parler des trésors profonds de vertu qu'il y a dans nos chers curés de campagne francs-comtois. Nobles prêtres, ils vivent pauvres,.... en proie aux tracasseries de gens haineux ou sots, en proie à la persécution du dédain qui les accuse de vivre facilement, grassement et sans travail.

Entendre dire tout cela par un homme d'expérience, c'est réconfortant, consolant.

Souvent je me demande : où est la vie la plus féconde ? Dans les ordres religieux, dans le clergé séculier ? Elle est où Dieu appelle sans doute, mais il faut du moins savoir accomplir le bien partout, pour la gloire du bon Dieu.

Vuillafans, 31 décembre 1895, 10 h. soir. (L. J.)

Avant de m'endormir, je veux penser encore à Dieu.

Mon Dieu, cette année qui s'en va, je la dépose dans votre cœur : elle a eu ses joies et ses douleurs, ses beautés et ses misères, ses vertus et ses fautes. Tout cela, mon Dieu, je vous le donne pour que vous puissiez bénir et pardonner.

En cette année, j'ai beaucoup souffert. A plusieurs reprises, ma santé a été bien affaiblie.

J'espérais être sous-diacre, et j'ai vu le sous-diaconat éloigné à un avenir incertain. Je comptais rentrer à Saint-Sulpice pour faire, plein de forces, une dernière année de théologie, et on m'a dit : attendez, attendez de combattre!

Attendre, quand les autres souffrent et meurent, attendre, quand, demain, mes frères iront à la lutte pour le Christ et la Liberté!..... Eh bien! j'attendrai, mais dans le sacrifice et la prière, pour être fort quand on me dira : Partez. Mon Dieu, je vous confie le passé et l'avenir, la vie et la mort. Je vous confie cette année qui expire, comme, à ma dernière heure, je vous confierai ma vie. O Marie, ma Mère, offrez-la à Dieu, et bénissez votre enfant.

Vuillafans, 8 janvier 1896. (L. J.)

Pour la première fois de cette année, je viens à mon journal.

La journée du 1er a été assez calme : peu de souhaits de bonne année. Il me semble que les hommes deviennent indifférents les uns pour les autres. Que m'apportera-t-elle, cette année 1896, que je commence si obscure, si mystérieuse? Quelles que soient les amertumes ou les consolations que me présentera l'avenir, il me semble que je suis prêt, prêt à marcher, prêt à attendre.

Tout tourne à bien à ceux qui aiment Dieu. Madame X..... a donné à Mère une somme assez forte pour remettre à une famille bien éprouvée. Madame X..... a de quoi vivre, mais elle n'est pas dans une position brillante. Pour elle, donner cette somme, c'est se priver de bien des choses. Sainte femme ! Notre-Seigneur l'a bénie, car c'est à Lui qu'elle a donné.

Vuillafans, 11 janvier 1896. (L. J.)

Depuis quelques jours, je suis aux prises avec la souffrance physique, souffrance sans danger, mais bien douloureuse. Comme les heures de la nuit sont pénibles quand on souffre ! Oh ! je le sais, la souffrance est un bien, une grâce : Notre-Seigneur l'a choisie : en elle est le mérite, la fécondité de la vie, la richesse pour l'éternité. Hélas ! la nuit dernière, quand elle s'abattait sur moi, je n'avais pas le courage de dire à Dieu : merci. Je n'ai pu aller qu'à l'acceptation résignée de la volonté de Notre-Seigneur.

Aujourd'hui, j'ai eu un grand moment de tristesse. Il me semblait que j'étais seul, impuissant, faible, abandonné. La prière m'a rendu des forces, je reviens à la réalité de la vie, à la joie de ma vie de prêtre, de cette vie que Dieu me donne et que je dois donner à Dieu.

Lettre à l'abbé M.

Vuillafans, 12 janvier 1896.

Merci, mon cher ami, de vos vœux si affectueux. Oh oui! vous faites bien de me souhaiter de faire la volonté du bon Dieu : car cela, c'est l'essentiel, cela, c'est l'unique chose nécessaire... Le reste, les joies, les consolations, la santé, le travail, nous pouvons nous en passer, si Dieu le veut, et souvent il faut bien, malgré nous, que nous nous en passions. Mais accomplir la volonté de Dieu, il le faut, et toujours.

Lettre à l'abbé P.

Vuillafans, 15 janvier 1896.

C'est la première année que tu vois commencer avec les honneurs et le poids du sacerdoce. Tu es maintenant au terme de tes désirs, tu es à cet avenir vers lequel, jadis, se dirigeaient tes rêves, tes désirs, tes espérances. Daigne le bon Dieu bénir ton ministère, et te faire une vie telle que tu la désires pour sa gloire, pour le bonheur des hommes, telle que mon cœur la désire pour toi. Oh oui ! puissions-nous tous deux être des serviteurs utiles, puissions-nous courageusement accomplir la volonté de Notre Maitre, toujours bonne et aimable, alors même qu'elle nous fait souffrir ! c'est en ce souhait que je résume tout, parce que faire la volonté de Dieu, c'est la vraie et pleine sainteté, et c'est aussi le vrai bonheur.

Lettre à l'abbé F.

Vuillafans, 16 janvier 1896.

Oh ! mon bon et cher ami, comme j'ai pensé à vous depuis ce jour où votre lettre m'est arrivée, m'apprenant la grande nouvelle ! Déjà, je vous ai écrit de quelle façon j'envisage la vie du Sulpicien ; et vous, mon ami, qui de cette vie voulez faire la vôtre, vous la voyez dans son austère et sainte vérité, dans ses joies, dans ses sacrifices, dans sa fécondité. Maintenant, quand je pense à vous, c'est une tristesse joyeuse qui fait le fond de ma pensée : je vous pleure presque, parce que je sens que vous embrassez une vie de grandes souffrances, parce que je sens que vous allez étreindre corps à corps le sacrifice quotidien des joies de ce monde, et je dirais presque d'une partie des joies sacerdotales ; mais surtout, oui surtout, mon ami, je suis heureux avec vous, heureux parce que, j'en suis sûr, vous serez où Dieu veut que vous soyez, parce que vous deviendrez un saint, parce que vous aurez une vie utile pour la gloire de notre Maître et pour le bonheur des hommes. Quand, dans les larmes et la douleur, vous aurez donné au monde des prêtres saints, des prêtres détachés du plaisir et des honneurs, vous aurez fait beaucoup pour le salut de l'humanité : nul, ici-bas, ne connait l'étendue des responsabilités et des mérites. Vous-même, vous ne verrez pas les fruits de vos œuvres dans leur pleine maturité, mais un jour viendra qui sera le jour des révélations, et où, dédommagé des douleurs d'ici-bas, vous serez béni par ceux pour qui vous avez travaillé et souffert. Oui, il est souverainement utile aux hommes, l'homme qui, après avoir prié, dit à celui qui lui a confié son âme : Avancez ; avancez dans la confiance et la paix pour recevoir la couronne du sacerdoce ; avancez, pour promettre que votre vie sera à Dieu ! Oui, il est souverainement utile aux hommes, l'homme qui fait grandir Jésus-Christ dans le cœur des prêtres de l'avenir, pour que ceux-ci, à leur tour, fassent grandir dans les individus, dans les sociétés, ce Jésus sans lequel les individus et les nations souffrent et tombent dans le désespoir, la ruine et la haine.

..... O mon ami, je ne sais pas ce que sera ma vie. Autrefois, j'ai beaucoup pensé à me faire Sulpicien : j'y pensais en tremblant. Aujourd'hui, il me semble que ma place est ailleurs : mais, quoiqu'il en soit, vous qui aujourd'hui êtes dans la vérité, dans la certitude, dans la paix, vous, priez beaucoup pour moi ! il faut que j'aie le courage d'aller où Dieu voudra. C'est cette année sans doute que se fera pour moi la lumière ; c'est cette année sans doute que se lèvera l'étoile de ma vie : que vos prières me portent à la suite de l'étoile, à Jésus, à Marie, à Dieu !

Vuillafans, 18 janvier 1896. (L. J.)

Toujours la souffrance. Pourquoi, Seigneur, n'en suis-je pas encore à aimer, à désirer la souffrance? O Jésus, qui avez passé par la voie sanglante, et qui de la douleur avez fait l'instrument du salut et de la délivrance, ô Jésus, apprenez-moi à souffrir!

J'ai rencontré tout à l'heure un homme à qui je n'avais jamais parlé. Il m'a demandé comment j'avais pu faire pour renoncer à ce plaisir fougueux de la chasse que j'aimais tant. J'aurais dû profiter de l'occasion pour bien lui montrer la nature de la vocation sacerdotale, les grâces qu'elle apporte, les sacrifices qu'elle demande.

Ce soir, mon Dieu, je veux vous dire que je ne regrette rien, que je suis heureux de souffrir pour vous : joyeusement, je vous fais de nouveau ce sacrifice du plaisir, à vous, Jésus, qui m'avez fait celui de votre vie. C'est bien peu de vous avoir donné cela : mon Dieu, faites que je vous donne tout toujours.

Lettre à l'abbé D.

Vuillafans, 25 janvier 1896.

Je ne sais si vous êtes comme moi, mais souvent, souvent, je me rappelle la touchante expression du P. Lacordaire : « l'âme qui descend aux rivages de sa jeunesse pour y chercher ses larmes, »... et j'aime à redescendre aux rivages de ces années d'autrefois, pour y chercher, non pas des larmes, mais les premières joies de l'union à Dieu, les premières joies de l'avenir sacerdotal entrevu dans l'ombre de sa réalité, les premières joies de l'amitié de Jésus. Oh ! ces années d'Issy ! cette paix, ce silence, ces instants dans la chapelle de Lorette, si près, si près du Sauveur, ces soirées où l'on était riche de ces deux richesses : Dieu et l'amitié. Oh ! tout cela, qui donc nous le rendra ? Qui nous rendra nos cœurs d'autrefois, les frémissements de nos âmes au chant des cantiques du soir, nos espérances, nos illusions ?

Vuillafans, 28 janvier 1896. (L. J.)

Lundi, j'ai fait des visites ici... des visites de malades : je suis rentré content de ma journée : cela fait tant de bien de donner aux hommes ce qu'on a, son temps et soi, quand on n'a rien d'autre ! Je viens de lire le récit de l'apparition de la Sainte Vierge à Pontmain en 1870 ; c'est lumineusement vrai : ils n'ont pas pu tromper, ces pauvres chers enfants à qui la Vierge apportait la promesse du pardon du ciel. Je dois me souvenir de la parole que Marie leur a adressée : « Mais priez, mes enfants. » Cela veut dire : « oh oui, je veux bien vous sauver ; mon Fils, votre Sauveur, ne demande qu'à vous tirer encore de l'abîme, son cœur a pitié de la France, oui !... mais priez, mes enfants. »

Oh ! prions le Sauveur, prions sa mère pour nous, pour la France, pauvre France, plus malheureuse peut-être qu'il y a vingt-cinq ans, parce que, plus forte en apparence, elle est en réalité conduite à sa perte, à son tombeau par des hommes qui veulent la séparer de Dieu, l'isoler de la Force souveraine, la tuer.

Retraite du mois

Vuillafans, 7 février 1896.

Quelle sera ma vie, vous le savez, mon Dieu. Aujourd'hui, je ne sais pas encore où votre cœur m'appelle et me veut. Qu'un jour, je comprenne ô Maître, et que j'aie le courage de marcher, fût-ce en marchant sur mon cœur ! Aujourd'hui, dans ce douloureux repos, puissé-je par la prière et le travail doux et sérieux rendre fécondes ces heures que, si souvent, j'ai laissées stériles !

Mon Seigneur Jésus, bénissez mes pauvres désirs, mes pauvres efforts. Tournez en immense ambition vers la sainteté cette soif des honneurs, cet amour de la gloire qui me tue.

Marie, ma Mère, enseignez-moi à être humble, chaste, doux, et bon ! apprenez-moi à prier, à travailler, à renoncer aux joies du monde, à souffrir.

Vuillafans, 7 février 1896. (L. J.)

J'ai dû hier faire une dépense inutile... Le luxe est une des choses qui me laissent le plus triste, le plus rêveur !

Aujourd'hui, premier vendredi du mois, j'ai fait la sainte communion. J'ai médité sur la croix de mon Sauveur.

O Seigneur, je vous redis cette prière que votre grâce m'a fait aimer : faites que je ne laisse pas vos souffrances inutiles ; du haut de la croix attirez-moi à vous ; attachez-moi avec vous, et donnez-moi le courage de souffrir avec vous pour le salut du monde.

Vuillafans, 18 février 1896. (L. J.)

Je lis l'ouvrage de Mgr Besson : *Montalembert en Franche-Comté.*

Et maintenant, j'aime davantage cet homme qui a combattu pour l'Eglise et notre Comté qu'il a aimée et dont il est la gloire.

Hélas ! la Comté a été ingrate pour cet homme : elle l'a condamné au silence, elle a fait taire cette voix, qui, tant de fois, avait parlé pour la justice et la vérité. Elle a été cause que ce défenseur de la Liberté s'est trouvé, à quarante-sept ans, à l'âge où l'on combat, avec une épée brisée entre ses mains. Ce qu'il a dû souffrir ! Hélas ! c'est la loi trop souvent vérifiée : les peuples ne savent pas être fiers et reconnaissants ; on dirait qu'ils ont peur de leur gloire ! Oui, mais on dirait aussi que Dieu, après s'être servi des hommes dans l'exercice de leur activité et de leur génie, veut s'en servir dans les souffrances de l'humiliation, dans les douleurs de la persécution, de l'ingratitude et de l'oubli ! *Sit nomen Domini benedictum !* Il l'a dite bien souvent, le noble comte de Montalembert, cette parole qui est celle de la résignation et de l'amour.

Vuillafans, mardi 25 février 1896. (L. J.)

Tous les soirs, après la prière, je fais le catéchisme à deux enfants qui se préparent à la première communion. Ils montrent de la bonne volonté, et j'espère qu'ils pourront être prêts d'une façon suffisante.

Si je puis leur faire un peu de bien, ce sera la consolation de mon exil. Ce soir, j'étais tout heureux en les quittant, heureux de leur avoir parlé de Dieu, et il m'a semblé que je comprenais un peu ce que doivent être les joies du prêtre, du prêtre qui, avec ses pouvoirs et ses devoirs, est sans cesse entre les hommes et Dieu. Au travers des tristesses de ce monde, ces douces consolations, comme des fleurs célestes, charment le chemin de la vie ; elles me font aimer cette vie humble et modeste du prêtre, du pauvre prêtre, cette vie qui un jour, peut-être, sera la mienne.

Vuillafans, 1er mars 1896. (L. J.)

Mon Dieu, je vous demande de bénir ce mois qui décidera de mon sort, ce mois où, peut-être, je saurai que je puis enfin être sous-diacre.

Tout à l'heure, à la cure, nous avons parlé de mon sous-diaconat, de ma première messe..... Que ce serait bon! Mais quand sera-ce? Mon Dieu, si vous vouliez..... Mon Dieu, quand vous voudrez! Que votre sainte volonté soit faite !

Vuillafans, 10 mars 1896.

Dimanche, nous avions reçu une lettre de mon frère, nous annonçant la maladie de sa fille : ce matin, nouvelle lettre bien désolée, mais pleine de confiance en Dieu.

Et que faire! Ils sont là-bas près de cette pauvre enfant qui souffre, qui se meurt peut-être ! Et nous ici, à attendre des nouvelles qui ne viennent pas assez vite au gré de nos désirs ! Ah! si je pouvais raisonnablement partir, aller près de mon pauvre frère pour souffrir et prier avec lui !

Mon Dieu, vous avez permis l'épreuve. Mon Dieu, ayez pitié de nous! Marie, ma bonne Mère, vous qui avez tant souffert, ayez pitié de nos souffrances.

Quoi qu'il arrive, tous nous sortirons meilleurs de ces journées d'angoisses que la grande douleur couronnera peut-être. Seigneur, comme vous savez bien nous rappeler que nous n'avons pas ici-bas notre vraie demeure ! la terre, c'est l'exil. Au ciel est la patrie où les enfants se retrouveront joyeux.

Il y a sept ans, c'était le jour du baptême de mon neveu. Quel rapprochement et quel contraste ! Pauvre vie humaine !

Vuillafans, jeudi 12 mars 1896.

Humainement parlant, il n'y a presque pas d'espoir... Avec Dieu, il y en a beaucoup. Il faut un miracle, mais ce miracle, je l'espère, je l'attends. Mon frère a tant de confiance en Dieu ! il sera récompensé.

Vuillafans, samedi 14 mars 1896. (L. J.)

Il faut craindre une issue fatale...

Et déjà je vois les tristesses de ces journées... Yvonne, si elle mourait, serait ramenée ici, ici, pour que son pauvre petit corps repose près des nôtres... qu'elle n'a pas connus, hélas!.. Ils seront tous là pour nous attendre et pour attendre l'heure de Dieu.

Vuillafans, 21 mars 1896. (L. J.)

Quelle semaine, Seigneur, quelle semaine !

Mardi, ma petite nièce Yvonne a quitté cette terre et est partie pour le ciel.

Pauvre petite, elle n'a pas connu les tristesses

de ce monde! Dieu s'est chargé de faire son bonheur.

Jeudi a eu lieu là-bas la cérémonie religieuse. Puis mon frère est parti, accompagnant le petit cercueil, tout chargé de fleurs. Hier matin, ils arrivaient ici. On a rapporté ma petite nièce à la maison... je n'aurais pas voulu qu'elle ne rentrât pas dans cette patrie de la famille. Mon frère est admirable de courage dans cette immense épreuve. Vendredi, j'ai pu causer un peu avec lui, et j'ai vu combien la grâce avait opéré en son âme pour lui faire accepter la douleur et pour l'élever jusqu'à Dieu.

Aujourd'hui, je suis allé quelques instants au cimetière m'agenouiller sur la tombe de cette chère petite que j'aimais tant. O mon Dieu, qu'est-ce donc que la vie ? C'est l'expiation et le labeur dans les larmes. Sans vous, ce serait le désespoir.

Vuillafans, 24 mars 1896. (L. J.)

Je suis exempté. Merci, mon Dieu. Maintenant c'est la liberté, c'est, dans deux mois sans doute, le sous-diaconat. A Besançon, je suis allé au Carmel demander une *Vie de Sainte Thérèse* pour M. le vicaire. Oh! ce Carmel, avec cette inscription, tout en entrant :

« Le plaisir de mourir sans peine vaut bien la peine de vivre sans plaisir. »

Sainte Thérèse, priez pour nous! Mon Dieu, donnez-moi de bien mourir au monde !

Saint-Sulpice, 8 avril 1896. (L. J.)

Saint-Sulpice ! c'est bien vrai, j'y suis depuis hier soir. Ce matin, j'ai appris que j'étais appelé au sous-diaconat. Enfin ! Mon Dieu, me voici dans ce Séminaire, près du grand jour, triste, craintif et heureux.

Quel mois je viens de passer ! De ce mois il me reste des impressions pour la vie, surtout le souvenir de mon pauvre frère à Vuillafans, au cimetière, passant pour la dernière fois devant le cercueil de son enfant, et s'arrêtant longuement, respectueusement, dans une admirable douleur, pour lui dire adieu.

Saint-Sulpice, 9 avril 1896. (L. J.)

C'est mardi soir que je suis rentré au Séminaire, faut-il le dire? tristement, l'âme comme serrée et broyée. Hier, dans cette maison que j'aime tant, il me semblait que j'étais perdu, seul, abandonné. Je vois des visages que je ne connais pas...

Et vous m'avez protégé, mon Dieu, et rendu la joie. Hier soir, je me suis confessé. Mon bonheur m'est revenu. Je sens que je suis où Dieu me veut. Je serai sous-diacre. Je vais commencer plus sérieusement la vie avec Dieu, avec Dieu seul, la vie pour Dieu et pour les hommes !

Saint-Sulpice, 18 Avril 1896. (L. J.)

Je serai sous-diacre le 30 mai. J'ai dit à M. B... toutes mes tristesses : je suis revenu consolé, sombre encore, mais plus courageux. Ma journée a été meilleure. Je viens d'écrire à ma mère pour qu'elle sache, la première, que ma vie est décidée. J'ai aussi écrit à M. le vicaire de Vuillafans. O mon Vuillafans!

Lettre à M. Dufresne

Saint-Sulpice, 19 avril 1896.

Le mardi de Pâques, je suis rentré au Séminaire, et maintenant, mon Père, c'est décidé : je serai sous diacre le 30 mai. Il va venir ce jour qu'avaient entrevu mes désirs au lendemain de ma tonsure, ce jour pour lequel, il y a un an, j'ai tant souffert; ce jour pour lequel, quand ma vie me semblait si faible, je désirais vivre encore. Il va venir, il me trouvera, non plus avec l'enthousiasme d'autrefois, mais avec la volonté du sacrifice mieux compris. L'obéissance me conduira, et j'ai confiance en Dieu, confiance en Notre Mère du ciel..... Je n'ai plus confiance en moi ; et, à ce point de vue, mon écrasement de ces jours derniers a été un bien. C'est *Lui*, notre maître, qui appelle ceux qu'il veut : *De stercore erigens pauperem. Ipse elegit nos.*

Saint-Sulpice, 27 avril 1896. (L. J.)

La journée de samedi a été mauvaise : c'était la nuit dans mon âme.

Hier, dimanche, fête du Patronage de Saint-Joseph, la lumière et la joie me sont revenues. J'ai vu ma mère après midi, et à quatre heures encore. J'ai senti que nous étions heureux. J'étais dans la paix. Saint Joseph m'a guéri. Maintenant il s'agit de déposer ma paresse, ma lâcheté, et de devenir un saint.

Retraite du mois

Saint-Sulpice, dimanche 3 mai 1896.

Il est donc venu, ô mon Dieu, le mois où votre volonté me fera sous-diacre.

O Seigneur, vous savez combien pour ce jour j'ai pleuré ! Vous savez combien j'ai désiré ce sacrifice, ce don de ma misère à votre amour ! Maintenant que l'heure approche, Seigneur, où par des liens indestructibles vous m'unirez à vous, à cette heure, je tremble et j'ai peur ! Je sens le tranchant du glaive, le poids de la croix, et mon cœur brisé souffre de cet adieu qu'il faut dire aux choses d'ici-bas.

Seigneur, cette épreuve, vous la permettez, vous la voulez. Je ne vous demande pas de la détruire, je vous demande la force de la volonté : car c'est par ma volonté que je dois être à vous, oui, à vous, Seigneur, dans la souffrance, dans la douleur en attendant la gloire. O Jésus! je vais être sous-diacre, je vous aime et je vous bénis.

Saint-Sulpice, lundi 11 mai (L. J.)

Dieu m'a rendu la joie de mon sous-diaconat et de mon sacerdoce. Je souffre du sacrifice, mais j'en suis heureux aussi.

Ce n'est pas acheter trop cher la joie du sacerdoce, la joie de posséder Jésus, de parler au nom de Jésus, de consoler au nom de Jésus, avec les paroles de Jésus.

Ma santé est assez faible, et les idées sombres d'autrefois me reviennent à la pensée. J'ai dit si souvent à Dieu que j'étais prêt à tout ! Il réalisera peut-être le sacrifice que j'ai entrevu et accepté. Du moins, du moins sans doute, je serai sous-diacre. Dans dix-neuf jours, tout sera fait..... pour l'éternité. Le 30, je pourrai, oui, je pourrai bien dire le *Nunc dimittis* et m'abandonner tout entier à l'amour de Jésus.

J'ai mon bréviaire..... Ce bréviaire, comme je l'ai regardé avec amour ! Il me dit tant de choses ! Je l'ai voulu très beau et très simple : mes tantes hospitalières me le donnent. Oui, maintenant, je serai à Dieu, bien à Dieu. L'union à Jésus, Jésus seul, c'est le sous-diaconat.

Saint-Sulpice, 23 mai 1896. (L. J.)

Dans deux heures, nous serons en retraite.

O monde, ô joies du monde, je vous dis donc adieu, adieu pour toujours. Seigneur Jésus, je vais être à vous, à vous seul pour la vie, pour vous aimer, pour vous faire aimer. Je ne devrai plus rien aimer, plus rien désirer en dehors de vous, Seigneur ! Seigneur, votre amour me soutient et me donne la force d'aller aux ordres sacrés. Je viens, Jésus, faire votre volonté. Seigneur, prenez-moi et gardez-moi à vous. Jésus, mon maître ! Jésus, mon ami !

O Marie, ma Mère, donnez-moi! Gardez-moi!

Retraite du mois

Saint-Sulpice, 23-31 mai 1896.

Il y a onze ans, Seigneur Jésus, vous descendiez pour la première fois dans mon cœur, et, si mes souvenirs ne trompent pas ma pensée, il y a onze ans, j'ai entendu votre voix qui me montrait le sacerdoce comme le terme de ma vie.....

Après ces onze années, je viens, ô Jésus, je viens à vous. Cette semaine qui commence ne s'achèvera pas sans que je sois sous-diacre. Le voici donc, mon Dieu, ce jour du sous-diaconat, le voici ! Ce jour, je l'ai entrevu dans les joies de mes fiançailles, il y a quatre ans, quand j'ai été introduit au sein de votre Eglise : ce jour, je l'ai, depuis lors, bien des fois contemplé et salué dans mes rêves. Quand la maladie est venue, c'est-à-dire quand vous, Jésus, vous êtes venu me visiter, je vous ai demandé de vivre pour ce jour. L'année dernière, quand ce jour, par les décrets des hommes, s'est éloigné de moi, j'ai souffert et j'ai pleuré, et j'ai versé mes premières larmes de jeune homme, plus déchirantes et plus amères que celles de l'enfant.

Tout passe, me disait-on alors. C'était vrai, tout a passé; cette année d'attente, de douleurs et d'épreuve, elle a passé, m'apportant des peines que jadis je ne soupçonnais point; elle a passé, m'instruisant par la souffrance et me faisant bien sentir, ô Jésus, qu'avant de vous suivre dans votre gloire, il faut vous suivre au jardin de Gethsémani et au Calvaire. Mon cœur a bien souffert, et aujourd'hui, à la veille de se donner à vous, il tremble comme le matelot, qui, pour la première fois, perd de vue le rivage et s'élance sur la pleine mer, sous des cieux inconnus. Jésus, je crois pouvoir vous le dire : ma volonté du moins n'a pas changé. C'est toujours vous, vous seul qu'elle veut ; mais, aujourd'hui, elle est plus humble, et elle compte moins sur elle, davantage sur vous. Jésus, je vous remercie de m'avoir humilié, de m'avoir fait souffrir. Ce cœur, prenez-le, prenez-le maintenant.

Ma mère est venue me voir aujourd'hui : elle m'a rappelé ce que je lui ai dit à la mort de mon père : Ne pleure pas, je serai prêtre un jour! Je ne comprenais pas alors; aujourd'hui, il me semble que je comprends, que je comprends ma vie ! Mon Dieu, merci ! Donnez-moi de connaître toujours et d'accomplir votre volonté, *Sacerdos et hostia. (25 mai.)*

O Marie, ma bonne Mère, vous à qui, tout enfant, j'ai été consacré, vous qui avez protégé ma jeunesse, pour me conduire là où vous vouliez me voir ; vous qui, dans le cher sanctuaire de Lorette, avez voulu vous confier à moi, comme pour que je puisse davantage me confier à vous ; vous, que, dans les jours du séminaire, j'ai appris à invoquer sous le nom si doux de Vierge fidèle ; vous à qui, dans la tristesse ou dans la joie, j'ai tant de fois confié mon sacerdoce et ma vie, vous, ô Vierge fidèle, donnez-moi d'être fidèle. Devant votre image et par vous, j'ai fait à Jésus le vœu de chasteté perpétuelle. Ce vœu, je l'ai fait dans la défiance absolue de moi-même, dans la triste connaissance en mon cœur, mais je l'ai fait dans l'obéissance, dans la joie et la paix, dans la confiance absolue en votre cœur. Vierge pure et fidèle, vous ne repousserez pas la prière de celui qui, pour Jésus et pour vous, veut être fidèle aux promesses de la chasteté. Ma Mère, vous ne repousserez pas votre enfant. Au cours de vos souffrances, ayez pitié de moi. Mon corps, mon cœur, mon âme sont à vous. Vierge fidèle, ma Mère, gardez-les : gardez-les bien à l'heure du danger ; gardez-les bien jusqu'à la mort.

Saint Joseph, priez pour nous;
Saint Jean, priez pour nous;
Saint Maurice, priez pour nous;
Saint François d'Assise, priez pour nous;
Saint Thomas d'Aquin, priez pour nous;
Sainte Thérèse, priez pour nous.

(*26 mai 1896.*)

Veni, sequere me.....

Vous me l'avez fait entendre cette parole, ô Jésus! je vous ai obéi, je suis venu. Depuis plus de quatre ans, dans la paix du séminaire comme dans l'agitation du monde, j'ai entendu votre voix, et je vous ai dit : O Maître, je veux être à vous. Je vous l'ai dit au jour de ma tonsure : *Dominus pars hæreditatis meæ;* je vous l'ai dit depuis bien des fois, quand, aux jours des ordinations, je voyais avec envie, mes frères revêtir l'aube blanche, symbole du cœur attaché à votre amour.

Veni, sequere me. Voici qu'aujourd'hui je l'entends plus forte, plus brûlante, votre parole. C'est mon tour! C'est à moi de revêtir l'aube blanche, c'est à moi de me prosterner, à moi de mourir. C'est à moi de faire des promesses que violer serait un crime, c'est le jour de mon union avec vous : jadis, j'ai promis; maintenant, il faut donner.

Donner, et quoi donc?..... Tout, sans réserve;

sans délai être à Jésus, à Jésus seul, pour toujours. Jésus veut être aimé seul!......

O mon âme, à cette heure où tu dis adieu au monde, ne pleure pas, ou du moins ne verse que des larmes de bonheur. Jésus sera à toi, uni à toi par des liens plus forts que tous les liens de ce monde!

Seigneur Jésus, puisque vous serez ma seule richesse, mon seul amour, donnez-moi de vous connaître, de vous bien connaître.

.....C'est vous qui serez ma richesse dès ce monde. Vous serez à moi, samedi prochain, quand, prosterné sur le sol, j'entendrai votre Pontife vous supplier de me bénir, de me sanctifier, de me consacrer; vous serez à moi, quand, après ces engagements solennels, vous viendrez, sous l'espèce du pain, dans ma poitrine, et, à cette heure, je l'espère, ô Jésus, dans cette union intime de vous-même avec mon corps et mon âme de consacrés, à cette heure, vous me ferez bien comprendre mon bonheur et mes devoirs; vous serez à moi, au jour de mon sacerdoce, quand, en votre nom, je pourrai bénir; à moi, au jour de ma première Messe, quand vous viendrez dans mes mains consacrées, et que ces mains vous porteront aux hommes; vous serez à moi, bien avec moi, dans le travail, dans la souffrance, dans la vie obscure, méconnue, méprisée peut-être, comme dans la vie entourée de l'estime et des honneurs d'ici-bas vous serez avec moi, si je le veux, au jour où mon cœur sera tenté de se tourner vers la créature ; avec moi, pour me dire, si je veux vous écouter : « Mon enfant, je suffis ». Vous serez avec moi dans le travail, dans la vie active et féconde, comme dans l'épreuve d'une vie condamnée au repos, stérile en apparence..... Et, ô Jésus ! quand viendra le jour de ma seconde mort (le sous-diaconat est la première) vous serez avec moi, je l'espère, pour descendre encore dans mon cœur, m'aimant comme vous m'aimerez samedi ; vous serez à moi, vous qui êtes mort pour mon amour, pour m'apprendre à mourir, pour conduire mon âme au seuil de l'éternité..... et..... de l'autre côté vous serez à moi pour m'accueillir. Et ce sera toujours la même parole : *Veni, sequere me* : Mon enfant, tu m'as suivi sur la terre par la chasteté, le travail, la souffrance : la terre est loin : suis-moi maintenant dans ma gloire. O Jésus, que ce soit là toute l'histoire de ma vie, de ma vie de sous-diacre, de ma vie de prédestiné. *(26 mai.)*

Soyez, Seigneur, soyez béni : vous m'avez donné ce matin de pleurer mes péchés ; vous m'avez donné de comprendre un peu quelle joie et quel honneur il y a à être appelé par vous : ô Jésus ! demain, c'est bien le jour de la fête ! Ce jour, mon Dieu, non, je n'aurai pas à le regretter.

Oh ! quel regard, aujourd'hui, je jette sur ma vie !..... Mes fautes, mes misères m'apparaissent maintenant, non pour me jeter dans une sombre tristesse, mais pour m'humilier, pour me faire doucement pleurer, pour me donner de mieux comprendre la miséricorde de Dieu. O mon Dieu, ô mon sauveur Jésus, vous voyez mon âme et mon cœur. Je crois pouvoir vous le dire simplement, sans orgueil, sans mensonge; je ne compte plus sur moi, je compte sur vous. Etre chaste, être humble, me donner tout entier, aimer les pauvres, aimer la souffrance, fuir le plaisir, je ne le puis pas; mais vous, Jésus, vous pouvez cela en moi, et c'est ce qui me console. M. Vigourel nous le disait hier soir : l'humilité est le pont qui unit la misère de l'homme à la grandeur du sacerdoce..... Jésus, plus la misère est profonde, plus le pont doit être immense. Jésus, ma parole maintenant est celle-ci, j'espère que ce sera la parole de toute ma vie :

Seigneur, je veux être à vous; prenez-moi, gardez-moi.

Tout à l'heure, ma mère est venue me voir : je lui ai demandé pardon de toutes les peines que j'avais pu lui faire, et je lui ai demandé sa bénédiction.

Et ma mère m'a béni..... Mon Dieu, que vous êtes bon de nous avoir donné ce jour !.....

Au cœur, j'ai une dernière tristesse, une dernière angoisse. Vous le permettez, ô Jésus, mais j'ai confiance, confiance en vous et en votre Mère. *(29 mai.)*

30 mai, 6 heures 1/2, matin.

O jour du Seigneur!..... Je vais avec toute la joie, toute la paix de Jésus. Hier soir, M. Bieil m'a béni, a dissipé ma dernière tristesse. Jésus, merci.

Devant la Vierge fidèle, ma Mère, je vais faire le vœu de chasteté, et ce sera l'heure de partir..... O Marie, ma Mère, donnez-moi bien et pour toujours à Jésus.

6 heures 3/4, soir.

Jésus! à la vie à la mort!

Oui, Seigneur, c'est pour ce jour que vous m'avez fait! Ce jour, il a été dans la paix, dans le calme, dans la joie..... Ce matin, à l'ordination, je n'ai pas eu des émotions vives et brûlantes, c'était très doux, très simple, mais, je le crois bien, très fort. Par instant, des larmes me sont montées aux yeux, mais je n'ai pas pleuré..... Avant d'aller finir ma vie, en posant mes mains sur les vases sacrés, j'ai senti mon cœur battre avec force : ce n'était pas la peur, non, ô Jésus, j'ai pensé que j'étais dans l'obéissance, et sous le regard de Marie : ça été, avant d'être sous-diacre, ma force et ma joie. O saintes joies de la prostration, de la communion! La communion, l'amour à Jésus, à qui je venais me donner pour toujours! J'ai prié beaucoup pour toutes les intentions qui me sont chères, pour mon père, ma mère, mon frère, ma sœur, leurs familles, pour mes amis, pour M. Bieil..... Pour moi, j'ai demandé surtout trois grâces à Jésus et à sa Mère : ne jamais commettre un seul péché mortel, mourir plutôt que de me séparer de Jésus ; être un prêtre humble ; dans les choses importantes, où le salut d'une âme dépendra de ma volonté, répondre pleinement aux desseins de Dieu !

Oui, Jésus, à la vie, à la mort !

31 mai, soir.

Voici donc les derniers instants de cette retraite ! Que j'aurais désiré aujourd'hui venir plus tôt à ces chères feuilles où je dépose mes souvenirs.

Seigneur Jésus, je veux ce soir y déposer une dernière joie, une dernière prière.

Ce matin, je suis allé à la première messe de M. Flynn. A cette messe, où j'ai voulu communier, vous savez, ô Jésus, les larmes que j'ai versées, larmes de bonheur et de joie..... Dans le premier cantique, on chantait : *O mon Jésus, ma richesse et ma vie.....* O Jésus, vous êtes bien mon trésor, ma richesse, ma vie maintenant. Je suis à vous, mais vous êtes à moi. Nous sommes unis par les chaînes sacrées de l'amour. Ces chaînes, Seigneur, faites les chaque jour plus fortes et plus douces : chaînes saintes et sacrées !

Oui, vous servir, ô Jésus, c'est régner.

Depuis mon ordination, je sens en moi une paix profonde, il me semble que je suis transformé, que l'amour en moi a remplacé la crainte servile et douloureuse, Jésus, je vous aime.

Jésus, ne permettez pas que je me sépare jamais de vous..... Ma volonté, c'est la faiblesse : vous, vous êtes fort et sauveur. Vous savez, Jésus, la prière que je vous ai faite hier matin : prenez-moi avant le jour où, restant ici-bas, je devrais commettre un péché mortel. Cette prière, je l'ai faite librement, joyeusement, sincèrement, dans l'humilité, dans l'amour.

O Jésus, écoutez-la.

Ma Mère, j'abandonne à votre amour toute ma vie de sous-diacre, ma vie de prêtre, où vous la voudrez : donnez-moi d'être fidèle, d'aimer Jésus comme il m'a aimé, de l'aimer toujours, toujours !

Saint-Sulpice, 8 juin 1896. (L. J.)

Le sous-diaconat est bien loin déjà. Je n'ai pu trouver un instant pour venir à ces pages. Seigneur Jésus, comme vous les avez faites douces, ces heures de votre grâce.

J'ai eu trois jours de grand bonheur. Le vendredi, quelles larmes de douce et sainte tristesse ! Le samedi, quelle paix ! Le dimanche, quelle joie !

Mantenant vous savez, ô Jésus, que je dirai *nunc dimittis*, non pas sans regrets (je voudrais être prêtre), mais avec amour.

Saint-Sulpice, 28 juin 1896. (L. J.)

Demain, je quitte Saint-Sulpice. Y reviendrai-je jamais?

Jésus, où vous voudrez, dans votre amour.

A la vie! A la mort!

Lettre à M. l'abbé G.

19 juillet 1896.

.....Vous avez bien voulu me féliciter de ce *numéro 2* (1) qui m'est échu par l'incognito de la Providence. Mais, voyez-vous, que c'est donc peu de chose cette science théorique des vérités que l'on grave sur une surface perpétuellement agitée et qu'efface la première vague qui passe! Oh! non, non, cela ne fait pas l'homme. De plus en plus je suis convaincu que le dernier, le suprême effort de l'intelligence humaine doit être de reconnaître son incompréhensible faiblesse. Travaillons! Travaillons!..... Nous n'aurons jamais devant nous, entre nos mains, qu'un tout petit coin de la terre défrichée, cultivée..... Partout, autour de nous, ce sera le mystère, l'inconnu..... Pauvre, pauvre science, qui ne conduit pas à l'amour, à la sainteté! Je suis bien à plaindre, mon ami, car je parais parfois avoir un peu de cette science là, et je ne l'ai pas en réalité, et je n'ai pas l'autre non plus!. ...

(1) Arrivé à Saint-Sulpice en avril, M. Grenier dut, en *trois mois*, voir le cours de *toute l'année*; il fut proclamé *second* du cours aux examens de fin d'année.

TROISIÈME PARTIE

Vuillafans et le Grand Séminaire de Besançon

Le diaconat : 19 Décembre 1896.
La prêtrise : 1er Août 1897.

TROISIÈME PARTIE

Lettre à M. l'abbé G.

Juillet 1896.

En quittant Paris, ce que j'ai bien senti, c'est que *c'était fini*. Si je rentre à Saint-Sulpice, ce sera en passant, et cette rentrée, vous le savez, est très douteuse. C'est donc bien la fin, la *fin finie* des années du Séminaire, à Saint-Sulpice..... L'impression de *vide*, la *peur du vide* dont je vous parlais, a été profonde; maintenant, elle est partie. Le déchirement a été réel : aujourd'hui, tout s'est doucement fermé..... C'est la paix, la vraie; c'est la paix, parce que je sens mieux que dans les tourbillons des dernières semaines la grâce du sous-diaconat. Vous sentirez sans doute cette impression dans cinq jours : rentrer dans le monde, et sentir qu'on n'est plus du monde; sentir qu'il faut passer au milieu des hommes, vivre au milieu d'eux, sans vivre avec eux et comme eux; sentir qu'on a pour cela une force qu'on ne tient pas de soi, mais qui est la force de Dieu, vous verrez, c'est très doux, très fort.

Retraite du mois

Vuillafans, 6 juillet 1896.

Seigneur Jésus, vous savez ce qu'a été ma vie depuis ce beau soir du 31 mai, où je déposais à vos pieds mes joies et mes saintes espérances de sous-diacre. Mes journées, jusqu'à mon arrivée ici, ont été bien remplies, agitées même, et je n'ai pas eu le temps de recueillir, comme j'aurais aimé à le faire, la grâce de mon sous-diaconat..... Penser souvent, longuement à mon union avec vous, Seigneur Jésus, à cette union qui est ma gloire, ma richesse, doit être mon seul bonheur.

Ce qu'il faut absolument, c'est vivre complètement en sous-diacre, non pas seulement quand il s'agit de garder dans son intégrité absolue la chasteté des prêtres de Jésus, mais dans tous les détails de la vie, dans le repos, dans le travail, dans la souffrance. Car, ô mon Sauveur Jésus, je ne suis plus à moi, je suis à vous : je vous ai tout donné, je ne dois rien reprendre.

Vuillafans, 15 juillet 1896. (L. J.)

O mon cher et bien-aimé Saint-Sulpice, Saint-Sulpice où j'ai eu tant de joies et tant de souffrances, te reverrai-je jamais ! Surtout, te reverrai-je avant d'être prêtre ? Oh ! ces adieux à M. Bieil, à mes amis ! Les préoccupations du départ m'ont empêché d'en sentir toute l'amertume, mais cette amertume, je la sens aujourd'hui, dans le calme du repos, en face de ma vie nouvelle. Ma première impression en revenant ici a été une impression de paix, de joie, la joie d'être à Jésus malgré tout et toujours, dans le monde comme en dehors du monde.

Lettre à l'abbé M.

Vuillafans, 20 juillet 1896.

Comme je suis avec vous pendant ce mois qui va vous mener à la veille de votre sacerdoce, vous conduire si avant dans le cœur de N.-S. Jésus-Christ, l'ami du prêtre ! Encore quelques jours, et ce sera le jour qui couronnera vos désirs, le jour pour lequel vous avez souffert, le jour dont la pensée soutiendra votre vie, le jour pour lequel vous a créé l'amour de notre Maître. Mon cher ami, je ne voudrais pas que cette pauvre feuille allât maintenant vous troubler, vous distraire. Elle ne doit pas vous détourner de Jésus. Priez beaucoup pour moi,.... à mes intentions. Mon ami, adieu... *Pax Jesu Christi sit tecum !*

Vuillafans, 27 juillet 1896. (L. J.)

X. m'a parlé hier du Collège catholique de Besançon. Si plus tard je pouvais avoir un peu plus de santé ! J'aimerais tant à être, non pas professeur, mais directeur dans un collège, à pouvoir agir sur des âmes dans toute la force de leur jeunesse, sur des âmes qui voient le feu pour la première fois, et dont il faut faire des soldats fidèles de Jésus !

Lettre à M. l'abbé G.

Août 1896.

...Je ne sais, mais il me semble que de plus en plus je sens tout ce qu'il y a de terrifiant et d'anéantissant dans l'isolement des âmes, cet isolement qui, à notre époque, est trop souvent le compagnon du prêtre..... Voyez-vous, mon ami, depuis le commencement des vacances j'ai éprouvé bien des impressions de tristesse, de peur, je devrais dire peut-être de découragement, car je crains d'aller jusque-là. Je le sais bien, N.-S. Jésus-Christ est là. Il est là, mais Il est voilé, Il se cache, et le monde, lui, ne se cache pas. O mon ami, qui donc, qui nous donnera de trouver le petit coin de la terre, où ensemble, avec un ami du moins, dans l'isolement du monde, dans l'union de deux ou trois âmes nous vivrons dans l'amour de Jésus, n'allant aux hommes que pour leur parler de Dieu, forts désormais pour connaître et guérir leurs souffrances!. ...

Lettre à l'abbé M.

Vuillafans, 1er août 1896.

Mon ami, dans le cas où je ne vous verrai pas lundi, je veux que vous ayez ces deux mots de celui qui vous aime beaucoup, et qui, dans la mesure où il est encore capable de comprendre et de sentir, partage vos émotions et votre bonheur. Je ne vous en dis pas davantage, parce que je suis, par ma faute peut-être, dans une période d'anéantissement moral qui me fait peur, et il né faut pas que la nuit parle à la lumière. Il suffit que vous sachiez que je souffre beaucoup de n'être pas près de vous, que je prie (pauvres prières, hélas !)pour que ce jour de votre sacerdoce soit bien le jour du Seigneur. Mon ami, bénissez-moi.

Retraite du mois

Vuillafans, 6 août 1896.

« Seigneur Jésus, vous serez à moi, si je le veux, aux heures où mon cœur sera tenté de se tourner vers la créature.. .. » J'écrivais cela, à la veille de mon sous-diaconat. Vous conduisiez alors ma main, Jésus : car aujourd'hui, je sens que cela est vrai.

Le cœur de l'homme ne change pas en un jour..... Pour s'élever à Dieu, il doit faire effort ; toujours, le poids de sa misère l'entraine vers la terre, vers l'abîme..... Avec soi, l'homme porte sa misère, son imagination, son cœur..... et c'est tout cela qu'il doit briser pour ne voir que Jésus, Jésus seul, comme les apôtres au jour de la Transfiguration.

Seigneur Jésus, ce serait faire injure à votre puissance et à votre amour que de penser que vous abandonnerez ceux qui se sont donnés à vous. Vous leur laissez le combat, la lutte, vous posez sur eux votre royale couronne d'épines, mais vous êtes avec eux, pour soutenir leurs forces défaillantes, leur volonté faible et tremblante..... Seigneur, donnez-moi d'être bon, plus courageux dans votre service, plus doux envers les hommes, plus sensible aux souffrances des autres, moins absorbé dans mes propres souffrances.

Vuillafans, lundi 10 août 1896. (L. J.)

Mon âme est triste. J'ai peur au milieu du monde. Parfois il me semble qu'il faut à une nature trop ardente la vie très austère, très dure, la vie du religieux, du moine. Est-ce cela, mon Dieu ? Mon Dieu, donnez-moi de voir et de vouloir !

Hier, j'ai pu enfin aller à une première messe, celle de l'abbé T., à Scey. Bonne journée ; que de fois par la pensée, j'ai été à l'année prochaine ! Seigneur Jésus, conduisez-moi à la gloire, aux larmes saintes, aux joies, aux épreuves du sacerdoce.

Lettre à l'abbé D.

Vuillafans, 13 août 1896.

Le cœur a été et reste plus malade que le corps. Que voulez-vous? On ne se sépare pas brusquement de ce qu'on a aimé sans sentir la séparation, et mon départ de Saint-Sulpice a été pour moi un grand chagrin, qu'ont rendu plus amer les circonstances qui sont venues l'accompagner. J'ai dû partir sans presque pouvoir regarder ce que je quittais,.... sans faire cette provision de souvenirs que j'aurais voulu récolter dans les derniers jours. Dans le moment je n'ai pas compris, mais c'est quand je me suis retrouvé ici que j'ai pu mieux regarder le passé, pour davantage le regretter. Ce n'est pas que je regrette de vieillir : au contraire, je ne suis pas assez parfait pour ne pas désirer trop impatiemment le jour du sacerdoce. Mais Saint-Sulpice, mon cher ami, Saint-Sulpice!

Lettre à M. l'abbé G.

Septembre 1896.

..... J'ai vu bien des ecclésiastiques et je crois avoir compris, bien compris ce qui doit être une des grandes forces, une des grandes consolations du prêtre : ce doit être l'affection d'un autre prêtre ; affection très pure, très ardente, très dévouée, très généreuse; affection qui, sans y penser, conduise l'âme en haut, et la fasse demeurer là, comme dans une région supérieure, à l'abri des grandes misères, des grandes faiblesses, à l'abri de la vie sans idéal et sans sacrifice...

Retraite du mois

Vuillafans, 5 septembre 1896.

O Seigneur Jésus ! vous savez ce que j'ai souffert depuis bien des semaines, ce que j'ai souffert, parce que je n'ai pas été assez à vous... souffrance douloureuse ; quand des occupations auxquelles on ne peut se soustraire détournent l'esprit de vous ; souffrance plus amère encore, quand elle doit s'appeler le remords.

O Jésus, au milieu de mes grandes misères, je comprends, je comprends du moins que je devrais être à vous; et, quand ma faiblesse m'entraîne là où je ne devrais pas aller, j'ai honte de moi-même et je me méprise, moi, pauvre créature, pauvre enfant que vous avez entouré de votre amour, que vous avez mis sur votre Cœur, et qui, dans une incompréhensible folie, ne sait pas se contenter de vous et va chercher dans des plaisirs, permis sans doute, mais bien misérables, un bonheur que seul, seul, ô Jésus, votre amour peut donner.

Seigneur, je veux être à vous ; à vous, par la prière douce et confiante, à vous par le travail austère et grave, à vous par le dévouement, à vous par le sacrifice de tout ce que je pourrais aimer ; à vous, par mon corps, par mon âme, par mon sang, si vous voulez mon sang !

Vuillafans, 12 septembre 1896. (L. J.)

Ces jours ci, j'ai pu un peu travailler. J'ai ébauché une étude sur la vallée de la Loue pour la *Science sociale.* J'interroge les gens du pays, et cela m'intéresse fort. C'est bien cela, le travail : il est dur de s'y mettre, mais souvent, dans la suite, on est en quelque sorte récompensé.

Ce matin, j'ai reçu une lettre de M. Dufresne, et cela m'a donné un peu plus le *mal du pays* de Saint-Sulpice.

Vuillafans, 25 septembre 1896. (L. J.)

Jeudi 17, à 6 heures, j'arrivais aux Hopitaux-Neufs. Une superbe soirée d'automne, calme et douce : la paix, la tranquillité, le silence de la nature. Et dans ce silence, le concert des innombrables clochettes des troupeaux rentrant dans les étables... C'était une impression de paix et de joie.

Pendant six jours j'ai visité successivement Saint-Antoine, Rochejean, la Ferrière, Remoray. Toutes ces promenades, ces visites de cures et d'églises de villages m'ont fait beaucoup réfléchir : elles ont comme jeté devant mes yeux la vie humble du curé de campagne, vie austère, vie sérieuse, vie forte, vie douloureuse à ses heures. Oui, mon Dieu, je l'accepte avec amour cette vie, qui, si vous le voulez, sera la mienne. Je veux bien vivre ainsi dans la paix, dans l'oubli du monde, serviteur de vos serviteurs, près d'une église, près d'un tabernacle dont je serai le gardien. Aux heures d'angoisse et d'épreuve, Seigneur Jésus, Seigneur, vous serez là, pour soutenir celui qui sera votre prêtre, celui que votre amour aura choisi, élevé, béni et consacré. Seigneur, vous serez là, quand ce sera la persécution de la part des hommes, quand, le cœur brisé sous le poids des ingratitudes et des dédains, je sentirai la croix, votre Croix, ô Jésus !

Vuillafans, 1er octobre 1896. (L. J.)

Je viens de lire les *Souvenirs de jeunesse* du P. Gratry.

Mon Dieu, que vous êtes bon de me donner les occasions de mettre ainsi sans cesse devant mes yeux cette idéale figure de l'homme, du chrétien, du prêtre... de ce prêtre qui a si bien compris le but de la vie, et qui, si généreusement, s'est dévoué pour ses frères. Seigneur Jésus, faites que, moi, j'aie toujours présent devant les yeux l'idéal sacerdotal, faites que je n'oublie pas, faites que je comprenne, et que, voyant dans la pleine lumière, le monde et Dieu, je dise cette simple parole, puissante et sainte : *Je veux être à Dieu.*

Lettre à M. Dufresne

Vuillafans, 2 octobre 1896.

C'est à peu près au moment où vous m'avez écrit que mon sort a été décidé : je ne retourne pas à Saint-Sulpice, le docteur ne veut plus entendre parler d'un séjour à Paris pour moi. C'est à Besançon que je finirai mon séminaire. Pour moi, Saint-Sulpice ne sera plus désormais qu'un souvenir, souvenir très cher et très amer; je dis très amer, parce que l'état de ma santé m'y a bien souvent brisé le cœur, m'y a apporté bien des déceptions ; parce que j'aurai toujours à regretter de n'avoir pas profité de Saint-Sulpice, comme j'aurais pu le faire, si ma santé avait été meilleure, comme j'aurais dû le faire, en utilisant mieux le temps trop court que j'y ai passé.

Et la première messe à Saint-Sulpice, à l'autel de la Sainte-Vierge, ou bien dans une chapelle de catéchisme, au milieu d'amis très chers! Encore une joie à laquelle il faut dire adieu.

Comment se passera cette année de mon diaconat et de mon sacerdoce? Cela ne m'inquiète pas trop. Sans doute, ma volonté, depuis deux ans, aurait choisi d'autres chemins que ceux qui m'ont été montrés par le bon Dieu ; j'aurais tort de me plaindre, je sais et je crois sentir l'action de la Providence. Seulement, c'est un grand sacrifice de se séparer de ce que l'on a aimé, et vous savez ce que j'ai aimé Saint-Sulpice ! M. Bieil, à qui j'ai fait part de mes projets, m'a écrit une excellente lettre. Que tout le monde a donc été bon pour moi au Séminaire ; pendant cinq ans, comme j'ai été gâté par le bon Dieu et les hommes !

Retraite du mois

Vuillafans, 2 octobre 1896.

Il me semble, mon Dieu, que j'ai beaucoup à vous bénir.

Dans le mois qui vient de s'écouler, j'ai eu, comme toujours, des faiblesses, des fautes à me reprocher ; j'ai aussi quelques actes moins mauvais faits pour vous, ô mon Dieu ; mais surtout, mon Dieu, il me semble que par les petits événements de ma vie, par mes lectures, vous m'avez parlé et que j'ai compris.

O Seigneur, votre langage ne change pas, et quand votre amour poursuit sur cette terre une âme pauvre et faible, votre cœur n'a pas deux paroles. A cette âme il montre simplement, dans une pleine lumière, Dieu et les hommes : Dieu avec ses droits sacrés de créateur et de rédempteur, les hommes avec leurs douleurs.

Et dès lors, la vie est orientée : il faut établir le monde dans la justice et dans la vérité ; il faut que Dieu, Créateur et Roi, soit servi par ses enfants ; il faut que Jésus, Dieu rédempteur, victime pour nous, soit aimé par ceux qu'il a rachetés de son sang ; il faut que les hommes, ces hommes que Jésus a tant aimés, cherchent dans la foi en Dieu la vraie consolation, la pleine joie de l'âme.

O mon Dieu, je vous remercie d'avoir remis sous mes yeux, en ces jours, cette admirable et sainte figure, cette âme qui vous a tant aimé et qui a tant aimé le monde, le P. Gratry. Cet homme, toutes les fois que j'approche de lui, il me semble qu'un rayon de lumière et de chaleur pénètre jusqu'au fond de mon être, pour faire resplendir une vérité connue, mais incomprise, pour faire aimer cette vérité enfin possédée. Cet homme, c'était une âme, c'était une intelligence et surtout un cœur, et il a eu la vraie science, la science qui conduit à l'amour.

Non, mon Dieu, non, ce ne sont pas des illusions. Il a dit vrai, cet homme, ce prédicateur de la liberté et de l'espérance ; il ne s'est pas trompé en voyant dans l'avenir une ère de paix et de justice ; il a cru en l'humanité, il a cru, Seigneur, en votre amour, en votre puissance : il ne s'est pas trompé.

Et c'est pourquoi je sens revenir en mon

âme le courage, la sainte ardeur qui doit soutenir ma jeunesse. Ma vie ne sera pas inutile; elle sera un grain de sable, sans doute, mais, grain de sable jeté dans la balance du monde, elle prépare le règne du Christ Jésus.

Lettre à l'abbé D.

Vuillafans, 4 octobre 1896.

En pensant à la joie des chers ordinands de Lyon, j'ai aussi, mon ami, pensé beaucoup à la grande tristesse que vous avez dû ressentir..... J'ai à attendre comme vous, plus que vous même, puisque je ne serai prêtre que le 1er août 1897, et je vous dirais un gros mensonge, si je vous affirmais que j'attends avec une absolue patience : je compte les jours (encore trois cents !) Et malgré cela, au milieu de ce regard trop exigeant sur l'avenir, au milieu de ces désirs qui ne connaissent pas assez le calme de la modération, je me sens très bien, comme vous, non pas à la surface, mais au fond de l'âme. Voyez-vous, il ne faut pas trop gémir sur la brièveté de son existence et se décourager en pensant qu'on n'a peut-être que quelques années de sacerdoce, et que ces quelques années sont trop peu, beaucoup trop peu pour réaliser l'œuvre immense qui est à réaliser en ce monde. Penser ainsi serait le bon moyen de ne faire absolument rien : la mort viendra quand Dieu l'enverra sur notre chemin ; en attendant, attaquons sans défaillance la tâche qui nous est assignée..... Je ne puis vous dire ce que je trouve de force et de consolation dans une pensée d'Ozanam : « Nous ne sommes ici-bas que pour accomplir la volonté de la Providence. Cette volonté s'accomplit jour par jour, et celui qui meurt, laissant sa tâche inachevée, est aussi avancé aux yeux de la suprême justice, que celui qui a le loisir de l'achever tout entière. »

Prions donc bien l'un pour l'autre, mon ami, afin que cette année de sacrifice soit une année de sainteté.

Vuillafans, 23 octobre 1896. (L. J.)

La rentrée est commencée au Séminaire de Besançon : dans deux mois je dois être diacre. Je me laisse ici envahir par des pensées très sombres de tristesse et d'abattement. Hier, une excellente lettre de l'abbé G. m'est arrivée, qui aurait dû me donner force et courage : il me parle du sacrifice, de la fécondité de la souffrance. Mon Dieu, c'est donc vrai qu'il y a des âmes dont toute la vocation est de souffrir ? Je n'ai pas le courage de vous demander d'être de celles-là : la patience me quitte parfois.

Mon Dieu, acceptez ces souffrances que je vous offre, tout en sachant si mal les supporter !

Rendez-moi la force de la vie, si vous le voulez. Que votre volonté soit faite !

Retraite du mois

Vuillafans, 10 novembre 1896.

Que dois-je penser ? Que dois-je dire ? ô mon Dieu, c'est des profondeurs de l'abîme que je crie vers vous. Ecoutez ma prière, écoutez ma douleur. Mon Dieu, vous avez voulu que depuis un mois, depuis quelques jours surtout, ce soit la nuit dans mon âme. Ai-je été bien coupable, bien négligent ? je ne le sais pas, ô mon Dieu. Peut-être me suis-je trop facilement laissé aller à une vie douce, oisive, dans laquelle me jetait la maladie, la souffrance. Certainement, j'ai oublié qu'il fallait faire effort, et que la sainteté est dans le sacrifice.

Que j'ai souffert depuis quelques jours, ô Jésus ! et je ne puis m'empêcher de croire que moi, moi seul, je suis la cause de mes souffrances : je veux être à vous, je veux être au monde, et alors des deux côtés, ce sont de continuels déchirements que chaque jour rend plus amers. O Jésus, mon Maître ! ô Jésus, vous, le Dieu de ma première communion et de mon sous-diaconat, ô mon Sauveur, quand m'accorderez-vous d'être détaché enfin des joies de ce monde ? Quand me rendrez-vous cette lumière qu'un jour, vous avez bien voulu verser dans mon cœur ? Quand me montrerez-vous que vous servir et vous suivre, c'est être heureux et régner, tandis que suivre ses passions, c'est souffrir et être esclave ?

Vuillafans, 13 novembre 1896. (L. J.)

Mon Dieu, conduisez-moi bientôt à Besançon au Séminaire, là où je pourrai mieux connaître mon cœur et mieux le guérir. Le diaconat approche, je l'espère, et il faudrait être digne de porter Jésus, sa parole, son corps sacré. Diacre de l'Eglise ! quel honneur pour moi, ô Jésus ! Seigneur, si vous voulez, j'ai confiance en vous !

Vuillafans, 18 novembre 1896. (L. J.)

Tout est décidé pour mon séjour à Besançon auprès de M. l'Aumônier de l'Hôpital. Je suis content. Sans doute, je ne resterai que trois semaines : j'aurais désiré davantage, mais il faut me contenter de cela. J'espère pouvoir me préparer très sérieusement au diaconat. Trois semaines, c'est peu pour tout ce que j'ai à faire dans mon âme. Mon Dieu, vous m'aiderez, vous me donnerez un directeur qui comprendra ma misère et sera assez bon et assez austère pour la guérir, fût-ce par le feu !

Vuillafans, 20 novembre 1896. (L. J.)

M. le curé veut établir un cercle. C'est nécessaire : il faut que la cité de Dieu combatte la cité de Satan.

J'ai fait hier une visite de malade, et je n'oublierai jamais l'impression que j'ai rapportée de cette visite... impression de paix, d'espérance! La malade est faible, très faible, mais son regard est vivant, et quelle force dans ce regard, fatigué pourtant! Il semble qu'elle contemple déjà un autre monde, et que le voile pour elle devient transparent et lumineux. Elle est heureuse de voir le prêtre, le prêtre qui lui porte le souvenir de Dieu, le prêtre qui est l'homme de l'autre vie. Elle s'en va dans l'autre monde, confiante, résignée, heureuse; heureuse de quoi? mon Dieu, d'une vie qui sans doute a été dans votre amour, d'une vie que vous avez parsemée de douleurs! Elle ne reposera pas dans sa terre d'Alsace, mais près de vous, au ciel, elle vous priera pour la France!

Merci, Seigneur, de nous rendre la mort si douce; merci de mettre la joie là où la nature et les sens ne voient que la désolation. La mort, la mort avec vous, Jésus, c'est la vie.

Besançon, 3 décembre 1896. (L. J.)

Ici, depuis deux jours. Je suis installé à l'hôpital, et passe deux heures par jour auprès de M. l'Aumônier. Quant au Séminaire, impression bien douce! Tous les directeurs ont été excellents pour moi, d'une bonté à laquelle je n'avais vraiment pas le droit de m'attendre. J'ai vu assez peu jusqu'ici les séminaristes, mais suffisamment pour comprendre qu'en eux je trouverai des frères.

Je n'ai pas encore un directeur. Mon Dieu, éclairez-moi pour que j'aille dans la lumière et dans la paix.

C'est la vie... il faut se détacher, s'attacher... passer au milieu des hommes, donner son cœur! Heureux toujours quand on en garde la meilleure partie pour Dieu. Qui m'aurait dit jadis que je finirais ainsi mon séminaire à Besançon? Qui aurait pensé à orienter ainsi ma vie? De tout cela, Jésus, soyez béni!

Lettre à M. l'abbé F.

Besançon, 4 décembre 1896.

.....Et ce sera la vie!..... l'isolement, peut-être, la séparation de beaucoup de ceux que l'on a connus, tant aimés, mais toujours, l'amour de Jésus-Christ, la douce et maternelle protection de Notre Mère, la joie austère du devoir accompli pour Dieu et pour les hommes!..... Et puis, ensuite, après les tristesses de la vie, après, peut-être, les désillusions et les abandons, la vie, la vraie vie avec Dieu, dans l'union avec les *âmes* aimées sur la terre, la vie où il n'y aura plus les incertitudes, les découragements, la mort. Oh! mon ami, que Notre Sauveur Jésus soutienne notre courage sur le douloureux chemin qu'il nous fait gravir! Il faut passer par là; mais là, nous sommes tremblants, et devant le devoir de chaque jour, devant les épines sur lesquelles il faut marcher, le cœur se trouble et hésite. Volontiers, on regarderait en arrière, vers tout ce qu'on a abandonné, vers ces joies faciles, vers ce monde que l'on quitte pour suivre dans la chasteté, la pauvreté et l'obéissance, Jésus-Christ, modèle absolu de nos œuvres et terme suprême de notre amour. Mon ami, je vous demande de prier beaucoup pour moi, comme, d'ici à trois semaines, je prierai beaucoup pour vous. Dans deux semaines, nous serons à la veille de notre diaconat : car, tandis que vous serez diacre à Paris, je le serai à Besançon. Vous vous souvenez, bien sûr, de notre sous-diaconat ; nous étions l'un près de l'autre : je vous suivais à cet autel, où, sous le regard de Marie, nous avons donné notre vie, notre amour, à celui qui ne trompe jamais et qui n'abandonne jamais. Le 19, mon ami, soyons encore ensemble; ensemble pour recevoir, comme nous avons été ensemble pour donner; ensemble pour recevoir cette force sacrée qui, à toutes les heures de notre vie, quel que soit le lieu de nos travaux, sera nécessaire à notre faiblesse et nous permettra de réaliser ce que Jésus attend de nous.

Je vous ai écrit tout cela en courant, parce que je suis affreusement pressé, ayant ici à satisfaire à la vie du séminaire et aux relations du monde qu'il ne m'est pas possible d'éviter absolument.

Lettre à l'abbé D.

Besançon, 8 décembre 1896.

Je suis bien content d'avoir un peu d'air du séminaire ; cela remet dans la vraie réalité des choses, c'est-à-dire dans l'« *unum necessarium* », le salut de son âme et des autres âmes. Le monde pense à tout, sauf à l'éternité, et le monde veut qu'on pense comme lui. Pauvre monde! Oh! mon ami, le recueillement, le silence, la liberté d'être à Dieu, à soi-même, ce sont quelques-uns des grands biens du séminaire, et on les apprécie parfois trop tard.....

Retraite de Diaconat

BESANÇON, HOPITAL SAINT-JACQUES ET SÉMINAIRE

16-19 décembre 1896.

Il y a six mois, ô Jésus, vous avez accepté le don très misérable que je vous faisais : j'ai été sous-diacre. Vous m'avez appelé, attaché à vous par des chaînes sacrées, par des chaînes dont j'ai pu comprendre la douceur infinie.

Ai-je été le sous-diacre toujours fidèle? Sans doute, ô Maître, je puis espérer n'avoir pas de fautes graves à me reprocher, mais de l'innocence simple à la perfection de la charité, quel abîme! Vous le savez, ô Jésus, j'ai trop oublié que j'étais à vous, à vous seul : j'ai voulu encore être à moi. En face des joies permises, j'ai trop facilement oublié la pensée qu'au jour de notre union vous aviez déposée dans mon cœur : *Quid hoc ad Jesum!.....*

Seigneur, vous savez comment j'arrive à cette ordination : je ne suis pas prêt. Cinq mois de vacances, puis quinze jours passés ici dans une vie trop pleine d'agitations du monde, ce n'est pas cela que j'aurais voulu avant de devenir le frère des diacres martyrs.....Vous l'avez permis, Seigneur. Que dois-je faire, sinon adorer votre volonté, et faire un acte absolu de confiance et de foi? Le temps m'a manqué, il me manque encore : j'ai devant moi deux jours seulement avant l'ordination.

.....J'espère, ô Jésus, j'espère qu'en ces journées vous me mettrez bien dans la réalité de la vie, afin que, au sortir de ces heures bénies, je me retrouve, en face des hommes, homme désormais, sans illusion, sans faiblesse, avec un zèle ardent et courageux, prudent et durable, avec une charité sincère qui maintienne en moi toujours ces élans généreux, apanage trop souvent d'une jeunesse enthousiaste et pleine d'illusions.

Ce que je souffre de venir à cette ordination avec un cœur trop plein encore des bruits du monde, avec une âme qui n'a pas pu se mettre toute entière à écouter la voix d'en haut, ce que je souffre, vous le savez, ô Jésus! Ce matin, l'explication du Pontifical, donnée par M. C., m'a fait beaucoup de bien.

..... Etre à Jésus ! c'est pour moi un devoir de fidélité et de reconnaissance. L'épouse doit être à l'époux : elle n'est plus à soi-même, elle n'est plus au reste du monde. Je l'ai compris au jour de mon sous-diaconat : c'était l'union à Jésus, l'amour à la vie, à la mort.

Mais alors, ce qui m'attachait à vous, ô Maître, je puis le dire, ce n'était en quelque sorte que la promesse faite dans la confiance et l'amour, promesse sacrée, sans doute, irrévocablement sacrée, mais, en quelque façon, faite par moi seul. Je savais qu'en retour, plus tard, vous vous donneriez à moi. O Jésus, sans doute, vous vous donniez déjà ; mais, ce don de vous-même, si votre grâce me le faisait sentir, mes fonctions ne me le faisaient pas comprendre ; désormais, il en sera autrement. Comme je me suis donné, vous commencez à vous donner : vous voulez ne plus faire qu'un avec moi.

..... Demain, sur moi, j'entendrai ces paroles qui portent l'Esprit Saint : *Spiritum sanctum ad robur ;* demain, je me relèverai, chargé de pouvoirs qui sont déjà effrayants pour les forces humaines ; demain, sera entre mes mains le livre des Evangiles, le livre qui contient, ô Jésus, votre parole, votre pensée, votre cœur.

Et désormais, à l'autel, je ne me tiendrai plus au dernier degré, les yeux voilés pendant l'instant solennel du sacrifice : je serai près de votre prêtre, je serai près de vous ; avec le prêtre, j'offrirai le calice qui est le calice de votre sang ; avec le prêtre, je devrai, en esprit du moins, réciter les prières du canon de la messe, ces prières qui supposent toujours le prêtre et le diacre : *communicantes... unde et memores.*

Et ce n'est pas tout, ô Seigneur ! L'instant viendra où mes mains iront vous chercher dans le tabernacle ; ces mains porteront votre corps sacré, ces mains commenceront à faire ce que toute ma vie mon âme devra faire : porter le Seigneur, porter Jésus aux hommes, donner au monde ce Jésus qui est la vérité, la force, l'espérance, l'amour, la vie.

Ce ne sont pas encore là toutes les grandeurs du diaconat. Le diacre baptise, le diacre annonce au peuple la parole de Dieu, cette parole que tant de saintes auraient voulu pouvoir annoncer à leurs frères, dans leur profonde science de sa puissance et de sa vertu. Prêcher ! Parler aux hommes de Dieu, les conduire à Dieu ; les élever de leur misère à la richesse surnaturelle de la grâce, voilà ma mission. Cette mission, vous savez, Seigneur, ce que je l'ai désirée. Demain, je la recevrai de vous. Demain, vous me confierez vos intérêts dans le monde ; demain, il dépendra de moi que vous soyez connu, aimé ; merci, ô Seigneur Jésus !

..... Ce matin, je me suis confessé. M. S. a été

bon, bon et père, comme il l'est toujours. ..... Ce soir, je suis en paix ; heureux de m'approcher du sacerdoce, heureux de ce diaconat dont on m'a bien fait comprendre la grandeur. Ma mère est près de moi, ma tante Augustine est arrivée aujourd'hui. A mon ordination, j'aurai beaucoup d'amis très chers qui m'accompagneront de leur affection, de leurs prières.

Mon Dieu, je vous remercie de toutes les joies, de toutes les affections dont vous avez entouré ma vie ; je vous remercie d'avoir fait que j'aie été tant aimé ; je vous remercie de m'avoir rendu la vie si douce ; je vous remercie de m'avoir appelé à votre sacerdoce, de m'avoir conservé la foi, la vie, de m'avoir sans cesse relevé de mes fautes ; je vous remercie de m'avoir conduit à ce jour, à ce jour béni, où vous allez montrer votre miséricorde et votre amour.

18 décembre 1896.

..... Diacre pour l'éternité... chargé de défendre l'Eglise avec la force de l'Esprit Saint ! Merci, mon Dieu !

La cérémonie de ce matin a été courte et très simple, mais recueillie. Ce ne sont plus les grandes ordinations de Saint-Sulpice. Mais c'était aussi grave, aussi austère. Les sous-diacres pleuraient. J'étais ému, mais surtout profondément sérieux et grave : c'est la vraie vie qui, de plus en plus, s'approche de moi, la vie dans le combat pour l'Eglise et le Christ.

Merci, mon Dieu ; merci, ô Jésus ; Marie, vous m'aiderez dans ce combat sacré. Seigneur, je suis à vous, plus encore que par le passé. Prenez-moi, faites de moi ce que vous voudrez pour votre gloire : avec vous, je saurai souffrir. J'ai reçu votre Esprit, et c'est pour être fort.

(*19 décembre 1896*).

Besançon, 20 décembre 1896. (L. J.)

Je suis diacre depuis hier. Dieu a voulu pour moi ce bonheur, cette grâce, cette gloire.

Aujourd'hui, à Vêpres, dans la chapelle de l'Hôpital, j'ai exposé pour la première fois le Saint-Sacrement. Pour la première fois, mes mains ont porté Jésus ! O Jésus qui êtes à moi, je veux être à vous !

Vuillafans, 24 décembre 1896. (L. J).

Hier à midi, je suis revenu de Besançon ; me voici réinstallé dans notre chère maison : après trois semaines d'absence, j'ai donc retrouvé mon Vuillafans, ma chambre, mon église.

Demain, Noël ! Belle et chère fête de Noël ! L'année dernière, j'étais ici déjà, et je ne pensais pas me retrouver encore dans ma paroisse à ce moment. Dieu l'a voulu ainsi ; aujourd'hui, j'ai vécu dans le repos, pendant que les prêtres de Jésus ont été au travail. L'année prochaine, Seigneur, ce sera mon tour. Et puis, je suis diacre : c'est beaucoup déjà, c'est trop pour mes mérites.

Vuillafans, 25 décembre 1896. (L. J.)

Au soir de ce jour, je veux venir un instant à vous, ô Jésus, pour prier votre Cœur pour moi, pour ma patrie.

Noël ! Vous êtes venu pour être rédempteur, et vous avez été rédempteur par le sacrifice, par la mort. Donnez-moi, Jésus, de me sauver et de sauver les hommes dans votre pauvreté, dans votre humilité, dans votre sacrifice, dans la mort semblable à votre mort, je veux dire la mort acceptée avec amour, aimée, désirée. La mort, ô Jésus! Elle est la condition de la vie. Donnez-moi de savoir mourir, d'abord de cette mort mystique sur la terre qui laisse l'âme détachée du monde et unie à vous, puis un jour, de cette mort plus douce qui unit l'âme de l'homme à l'amour de Jésus au ciel.

Et pour la France ! C'est le quatorzième centenaire de son baptême. Le jubilé accordé à la France s'est terminé aujourd'hui. A la grand'-messe, on a renouvelé les promesses du baptême ! Seigneur Jésus, oh ! que la France revienne à vous qui êtes la vérité, la vie, le salut des peuples ! Seigneur, pitié pour ma patrie !

Lettre à M. S.

Directeur au Grand Séminaire de Besançon

Vuillafans, 31 décembre 1896.

J'avais bien besoin de vous voir pour retrouver la force et la paix. Quoique mon séjour à

Besançon ait été court, beaucoup trop court; quoique je n'aie pas su en profiter comme j'aurais dû le faire, je sens qu'il m'a fait un bien réel, et à plusieurs points de vue.

L'ordination ne m'a sans doute pas apporté de très vives émotions : il n'y avait ni les sacrifices du sous-diaconat, ni les doux et effrayants pouvoirs du sacerdoce ; mais il me semble qu'elle me laisse une conviction plus vive, plus pratique de mes devoirs. Ici, dégagé davantage des occupations étrangères, je jouirai des chers pouvoirs que donne déjà le diaconat, j'aurai le temps de mieux penser à la grâce reçue.

Vuillafans, 3 janvier 1897.

Le 31 décembre, j'ai fait une heure d'adoration, confiant à Dieu cette année qui a disparu, cette année qui a commencé depuis, et qui doit m'apporter la joie écrasante du sacerdoce. Oh oui, mon Dieu ! ce doit bien être l'année sainte, l'année où vous allez achever sur moi vos miséricordes. Ce que je suis, vous le savez, ô mon Sauveur : une intelligence incapable d'un travail sérieux, une volonté trop faible en face du monde, un corps impuissant qui, d'un jour à l'autre, peut être terrassé par la souffrance. Et c'est à ce rien que vous allez confier votre sacerdoce. Jésus, soyez béni.

Retraite du mois

Vuillafans, 8-9-10 janvier 1897.

Diacre ! Chef désormais dans l'armée du Christ, chargé de défendre l'Eglise, ma vie doit être sainte : elle doit être surtout orientée tout entière vers le but, vers ce pour quoi j'ai été fait sous-diacre, vers la gloire de l'Eglise du Christ.

Etre digne de l'Eglise et du Christ, son Chef, voilà mes devoirs. Dignité d'abord dans une vie très pure, évitant tout ce qui est faute grave ou légère, évitant même tout ce qui, de près ou de loin, aurait, aux yeux des hommes, l'apparence d'une faute, et pourrait, par l'indignité du ministre, faire mal penser de l'Eglise et de Jésus.....

Dignité dans une vie très laborieuse, ne donnant au repos que ce qu'il faut donner par devoir. Pour le monde, pour les intérêts humains, on trouve des vies qui se dévouent, qui consacrent généreusement leur temps, leurs forces tout entières. L'Eglise ne doit-elle pas avoir des ministres aussi fidèles que ceux des princes de la terre ? D'ailleurs, l'oisiveté même partielle du prêtre est un grand scandale. Le prêtre n'est pas ici-bas pour se reposer. Pour l'honneur de l'Eglise, il doit mourir à la peine : le soldat meurt au champ d'honneur.

Dignité enfin pour l'amour de son œuvre,

dans la fierté de sa vocation, dans l'amour de l'Eglise, dans la joie de travailler et de souffrir pour elle, dans la volonté ardente de vivre et de mourir pour Jésus.

Vuillafans, 22 janvier 1897. (L. J.)

Mme M. a été administrée ce matin. C'est à onze heures que s'est faite la triste cérémonie. Mme M. avait toute sa connaissance, faisant les signes de croix, donnant jusqu'au bout l'exemple de la foi sereine et confiante qui a illuminé sa vie.

24 janvier 1897. (L. J.)

Au moment de la grand'messe Mme M. a été beaucoup plus mal : depuis ce moment elle a presque constamment souffert. Je l'ai vue à plusieurs reprises. C'est l'agonie, c'est le combat, la lutte contre la mort, et sans doute contre le démon qui veut jusqu'au bout tenter cette âme qui a été si fidèle à Jésus-Christ. C'est la souffrance, c'est la lutte suprême, c'est le châtiment de la première faute du premier homme. O mon Dieu, qu'est-ce donc que le péché ? Oui, ô Seigneur, vous êtes terrible dans vos jugements. O mon Dieu, on serait tenté de se lever contre vous, si l'on ne savait pas que vous faites passer par la souffrance ceux que vous voulez conduire à la gloire.

Hier, enterrement de L. B. Jamais je n'ai mieux compris le *dissoluta terrestris hujus habitationis domo.* Oui, la mort c'est une destruction, mais, avec vous, Jésus, c'est aussi une naissance, c'est une aurore, c'est un commencement.

Vuillafans, 30 janvier 1897. (L. J.)

Mme M. est décédée mercredi à onze heures du matin. Le lundi soir, elle a eu encore un instant de joie, retrouvant toute sa gaîté pour sourire à M. le vicaire et à moi. Le mardi, elle m'a encore longuement serré la main avec un affectueux regard. Dans la nuit, l'agonie véritable a commencé. Le matin, vers dix heures, la respiration est devenue plus courte, secouant à chaque fois la figure dans un spasme douloureux. L'âme voulait-elle rester à son corps, le corps voulait-il retenir l'âme désireuse de partir? Peu à peu, la bouche s'est ouverte, la respiration est devenue rare, rien n'a fait connaître le dernier soupir. La mort a été douce, autant qu'elle peut l'être.

Nous étions tous à genoux dans cette chambre, où se livrait le dernier combat. C'était la grande douleur, mais la douleur chrétienne qui voit dans la mort la délivrance. J'ai donc vu la mort, ô mon Dieu, faites que ce ne soit pas en vain.

Pour moi, la mort de Mme M. a été un véritable chagrin. Ce que j'aurais voulu la voir à ma première messe! Ce que j'aurais voulu offrir le Saint-Sacrifice pour elle après sa mort!

Retraite du mois

Vuillafans, vendredi 5 février 1897.

Je commence ce mois avec la double pensée de la mort et du sacerdoce. La mort : Dieu me l'a fait voir en frappant la mère de notre excellent curé. Le sacerdoce : il sera sur mes épaules dans la moitié d'une année, comme un lourd et généreux fardeau.

Oh ! Voir le sacerdoce à la lumière de la mort : quelle grâce, Seigneur ! Donnez-la moi, vive et lumineuse, cette grâce suprême, afin que je comprenne et que je puisse agir.

Un jour viendra qui sera le dernier de ma vie. Où ? Quand ? je ne le sais pas. Je puis maintenant espérer être prêtre. Prêtre avec les pouvoirs et les responsabilités du sacerdoce, il faudra que je passe par la mort.

O Jésus ! sur le lit où j'offrirai à votre gloire mon dernier sacrifice, comment jugerai-je ma vie, ma vie de prêtre ?... qu'aurai-je dû faire de ma vie ? Prêtre pour Dieu, prêtre pour les hommes : c'était la vérité, c'était le devoir. Ai-je été pour vous ? Ai-je été pour les hommes ? ..... Toujours ? ..... Tout entier ? ..... Quand je suis sorti de cette voie, j'ai marché dans le mensonge... Quand j'ai vécu pour moi, mensonge... quand j'ai cherché le plaisir, l'estime des hommes, mensonge... quand j'ai cessé de me donner, mensonge !... ..... Jamais, à ce qu'il me semble, je n'ai mieux compris ce qu'est le temps de notre voyage en ce monde. Tout passe avec une effrayante rapidité, tout passe, même les jours de deuil, les jours de souffrance : tout passera, même les jours de sacrifice austère. Souffrir passe, avoir souffert demeure. Donnez-moi, Jésus, de ne pas craindre ce qui passe, afin que j'obtienne ce qui demeure.

..... O Jésus, j'ai vu la mort d'une sainte, j'ai reçu ce dernier soupir d'une âme qui Vous aimait ! Que tout cela, — les souffrances de mon cœur, les tristesses et les larmes, — me rapproche de vous, me donne à vous... oui, à vous, et aux hommes par la charité, l'humilité, la pauvreté, le sacrifice et l'amour.

Lettre à M. H.

Elève au Grand Séminaire de Besançon (1).

Vuillafans, 7 février 1897.

.....Béni soit Notre-Seigneur Jésus-Christ qui veut nous conduire tous deux à son sacerdoce et nous unir dans son œuvre et dans son amour ! Oh ! mon ami, que nous sommes heureux d'avoir entendu sa voix nous appeler à Lui, que nous sommes heureux d'avoir eu la sagesse de lui répondre : Seigneur, me voici, faites de moi ce que vous voudrez !

(1) M. l'abbé Grenier répond à M. H. qui lui avait annoncé sa prochaine prise de soutane.

Car c'est bien la meilleure part que nous avons choisie en acceptant de Le suivre ! Sans doute, vous le savez et vous le saurez de plus en plus, le sacerdoce, c'est le sacrifice, — l'immolation de l'homme ajoutée à celle de Dieu, comme disait Lacordaire —, c'est le sacrifice dans le renoncement aux joies du monde, dans la vie chaste, pauvre et humble, dans la vie dévouée tout entière à Dieu et aux hommes : le prêtre, qui veut être vraiment prêtre, n'est plus à soi, il est aux intérêts des âmes et de Jésus-Christ ! C'est le sacrifice, — mais quelle joie, quelle consolation, quelle paix dans ce sacrifice !

Après le jour de votre prise de soutane viendront les jours des ordinations : de plus en plus vous comprendrez que vous êtes à Jésus, à Lui seul, et que Lui, Il est à vous autant que vous êtes à Lui. Il sera à vous dans quelques semaines, quand vous recevrez le saint vêtement qui vous fera insulter par l'impie et bénir par le croyant. Il sera à vous, au jour de votre tonsure, quand vous Lui promettrez de Lui donner votre vie. Il sera à vous au jour de votre sous-diaconat, quand vous Lui consacrerez par un vœu sacré votre corps et votre âme. Il sera à vous dans votre sacerdoce, dans les émotions de votre première messe, alors que, après être descendu tant de fois dans votre cœur, Il viendra dans vos mains, obéissant à votre parole, pour être porté par vous à ceux dont il doit être la force et la vie. Il sera à vous à toutes les heures de votre vie, pour que votre parole convertisse les pécheurs, élève les justes, console les affligés, pour que vos mains répandent sur la terre la grâce et la bénédiction du ciel... Il sera à vous, Il sera à nous au jour de notre mort, pour nous aider à franchir le passage suprême ; Il sera à nous pour toute l'Eternité. Que nous sommes heureux !

Vuillafans, 20 février 1897. (L. J.)

M. le vicaire est revenu lundi soir. Il m'en a coûté beaucoup de renoncer au petit catéchisme : c'était une joie pour moi. Je commençais à connaître ces chers petits enfants, à être connu d'eux. Mercredi, j'ai très bien compris que c'était un déchirement. Enfant que je suis ! Il y en aura bien d'autres dans la vie. Après tout, ceux qui sont capables de souffrir sont plus heureux que les morceaux de bois mort !

Vuillafans, 26 février 1897. (L. J.)

Mardi, je suis allé à la Visitation d'Ornans. Quelle atmosphère de pureté et de paix ! Quelle joie dans le cœur de ces religieuses qui ont tout sacrifié. Oui, ô Jésus, le bonheur est dans le sacrifice, faites-le comprendre à mon âme. J'ai bien recommandé mon sacerdoce aux prières des bonnes religieuses. Dans six mois, je serai prêtre, à la veille d'aller au travail dans l'obéissance et la foi. Dans six mois être prêtre, tenir Jésus dans mes mains, le porter aux hommes, porter sa parole, pardonner les péchés, être le père des âmes ! O splendeur de ma vocation ! O amour de Dieu ! Oui, mais responsabilités, mais devoirs. Suis-je prêt, Seigneur, pour cette tâche ?

Retraite du mois

Vuillafans, vendredi 5 mars 1897.

O Seigneur, faites-moi bien comprendre ce que sera la couronne du sacerdoce faite d'épines, mais aussi, gage de la couronne du ciel. — Couronne d'épines : — Les saints prêtres ont compris ainsi le sacerdoce. Le prêtre renonce au monde, il renonce à soi-même, il marche sur son cœur ; sa vie est faite de souffrances : souffrances provenant de la nature mauvaise qu'il faut transformer — souffrances provenant du sacerdoce saintement aimé ; souffrances en face de ses misères, de ses faiblesses, de son impuissance ; souffrances en face des crimes et des malheurs des hommes qui oublient Jésus. — O Jésus, qui voulez que mon front soit près du vôtre, sous votre couronne d'épines, donnez-moi la science et l'amour de la souffrance !

.....Un jour viendra où ces larmes auront cessé ; un jour viendra qui sera celui de la joie, de la paix, de la consolation, du bonheur sans mélange ; un jour viendra qui sera le ciel. Et vous, ô Jésus, vous serez la couronne de vos prêtres : vous saurez bien récompenser leurs sacrifices, essuyer leurs larmes, rassasier leur cœur. Au milieu des misères de la vie, mon Dieu, donnez-moi de voir, de désirer, d'aimer cette couronne que vous préparez à votre enfant, s'il est fidèle à vous servir.

16 avril 1897.

Le 6 avril, après une triste nuit de voyage, nous sommes arrivés à Neuchâtel. Je me rappellerai toujours avec quel effroi nous avons demandé des nouvelles de ma pauvre tante. (1) On croyait encore que le mieux continuerait. Nous avons espéré un instant. Ma tante nous a reconnus, nous a parlé. Mon Dieu, si vous aviez voulu !

Dans la matinée, les médecins nous enlevèrent nos dernières espérances. Vers dix heures, on récita les prières des agonisants. On les devait réciter encore bien des fois. Ma tante paraissait peu souffrir. Cette paisible et majestueuse agonie dura jusqu'au mercredi soir. Le mercredi, ma tante me parla encore longuement et avec la bonté qui était le caractère dominant de sa vie. Le mercredi matin, je revins la voir avant la messe : elle me recommanda de faire bien attention pour éviter tout refroidissement ;

(1) Supérieure de l'Hôpital de Neuchâtel.

ma pauvre santé fut une des dernières préoccupations terrestres de sa vie, la dernière peut-être.

Jusqu'au bout, elle garda toute sa connaissance. Elle remercia affectueusement ceux qui venaient la visiter : elle s'unit à toutes les prières qu'on faisait autour d'elle. La Supérieure générale était arrivée dès le lundi soir ; sans doute, elle a mérité à ma chère tante une plus belle place au ciel : sans cesse, elle lui faisait baiser le crucifix, invoquer les noms doux et sacrés de Jésus, de Marie, de Joseph, renouveler ses vœux de religieuse. Dès le lundi, elle lui avait fait offrir le sacrifice de sa vie, et ma tante, sans découragement, simplement, affectueusement, comme elle faisait toutes choses, avait fait son sacrifice. Elle avait demandé : « Ma Mère, puis-je être bien tranquille ? » — « Oui, mon enfant, bien tranquille, » avait répondu la supérieure générale. Et rien ne troubla plus cette paisible sérénité en face de la mort.

Qu'elles furent touchantes, ces deux journées d'agonie ! De toutes parts, on venait dans cette chambre verser des larmes et répandre des prières. C'était la vraie mort chrétienne et religieuse.

. . . .

Vers sept heures, un soupir, que rien ne distingua des autres, fut le dernier soupir.

Tout était fini pour la terre, pour les apparences, pour l'épreuve. Tout commençait pour le ciel, pour la réalité, pour la récompense!

De toutes parts, on envoya des fleurs, des couronnes à la chère Défunte. Protestants et catholiques s'accordaient dans la sincérité de leur douleur.

Ma tante reposait sur le lit où elle était morte, dans son costume de religieuse ; la mort n'avait rien changé à sa figure paisible et bonne. J'ai passé bien des heures dans cette chambre jusqu'au samedi matin, priant pour elle, surtout la priant pour moi, pour nous; à celle qui était si heureuse de me voir sur le chemin du sacerdoce, j'ai confié ma vocation, mon sacerdoce, ma vie de prêtre. Cela me consolait et je sentais là que mon courage se relevait pour les souffrances de l'avenir. A l'église, le supérieur du Grand Séminaire de Fribourg prononça un discours simple et touchant ; il parla de ma grand-mère, me désigna comme chargé de recueillir l'héritage de dévouement, les traditions de sacrifice. Mon Dieu, donnez-moi le courage d'être digne de ceux qui sont morts ! Avant de quitter Neuchâtel, je suis allé avec mon frère au cimetière. Les fleurs se fanaient déjà sur la tombe, mais d'autres fleurs avaient formé la couronne au ciel!

Lettre à l'abbé F.

Vuillafans, 6 mai 1897.

La maladie, la souffrance, le repos, toutes ces

choses qui viennent entraver des désirs, en soi généreux et saints, toutes ces choses, je crois, sont voulues ou du moins certainement permises par Dieu : elles peuvent, elles doivent servir au bien spirituel de celui qui les reçoit. Au début, et pendant un certain temps, je crois volontiers que la maladie m'a servi : la pensée de la mort, que la souffrance amène justement avec elle, est une pensée salutaire qui fait juger la vie au vrai point de vue, avec la foi, avec la lumière de Dieu. De plus, à l'heure où j'ai pu être sérieusement inquiet de ma santé, je pensais davantage au sacerdoce : je le voyais comme le terme de ma vie, le but à poursuivre, à atteindre, et je demandais à Dieu de ne pas mourir avant d'être sous-diacre, avant d'être prêtre. Cela, dans la vie des vacances, ou dans la vie du séminaire, ou maintenant, m'élevait peut-être, et j'étais bien forcé de reconnaître que le bon Dieu sait mieux que nous ce qui convient à notre misère.....

.....Le mal, voyez-vous, le mal est que je ne souffre pas assez. Je me suis laissé imposer cette vie inutile, stérile, inoccupée ; humainement parlant, je suis très heureux : surnaturellement parlant, je ne sais plus du tout où j'en suis, et j'ai peur d'être très malheureux. Les seules choses dont je m'occupe sont des affaires matérielles, temporelles, qui, sans doute, ont des conséquences morales et religieuses, mais qui, en elles-mêmes, sont loin d'être de la vie pour l'âme. Elles m'absorbent, me poursuivent, m'importunent quand je veux venir au bon Dieu : pauvre oraison ! pauvre bréviaire !

Retraite du mois

Vuillafans, lundi 10 mai 1897.

Le mois dernier, j'ai fait ma retraite auprès du lit de ma tante Octavie, — auprès du lit où elle achevait, dans la paix, de gagner sa couronne — auprès du lit où sa dépouille mortelle reposait au milieu des fleurs.

Pour nous tous, pour moi tout particulièrement, vous le savez, mon Dieu, l'épreuve a été grave, le sacrifice douloureux. Seigneur Jésus, sans vous, sans vos promesses, sans vos espérances consolatrices, la mort ne se comprendrait pas : il faudrait se réfugier dans le désespoir à jamais. Avec vous, ô Maître, les larmes les plus douloureuses ont leur secrète douceur, les souffrances les plus cruelles ont leur mystérieuse consolation. Vous êtes la résurrection et la vie, et nous, les esclaves de la mort, nous avons foi en vous.

.....Oui, Jésus, prenez-moi. Au sous-diaconat, je me suis donné à vous. Eh bien, je vous demande de garder à vous cet être faible et misérable qui, au souffle de votre grâce, a compris qu'il était beau et saint de vous appartenir.....

Lettre à M. l'abbé G.

Mai 1897.

.....Qu'il faut peu de chose pour nous anéantir, et comme nous sommes décidément entre les mains d'*un Autre!* Heureusement que cet Autre, c'est celui qui nous aime bien, c'est le Jésus de notre sous-diaconat..... Notre sous-diaconat! Il y aura un an après-demain! J'y pense doucement — et un peu plus, je pleurerais, comme l'année dernière : c'était si doux et si fort! Tenez, je fais mon examen de conscience, depuis ce sous-diaconat : je voudrais le faire avec vous. Dieu m'a-t-il manqué depuis ce temps-là? Non, bien sûr : la foi me l'enseigne, et la conscience me dit très clairement que, si l'union n'a pas été celle que je rêvais, c'est moi, moi tout seul qui l'ai voulu..... Je relis mes notes de retraite, mes *vieux* souvenirs des premières années du Séminaire. Il me semble que je valais trois fois mieux que maintenant. Et pourtant?..... Peut-être ne faut-il pas trop estimer, trop désirer ces émotions de l'âme qui ne sont pas l'âme elle-même après tout. Peut-être quand nous souffrons, quand nous combattons, incertains même de notre succès, Celui qui voit le fond de nos cœurs y trouve-t-il la bonne volonté, seule chose qu'Il demande à notre pauvre faiblesse; après tout, pourquoi tant penser à soi? Ce n'est pas le meilleur chemin pour *s'oublier.* Et maintenant, c'est cela qu'il faut faire, par l'abandon de tout entre les mains de Notre-Seigneur.....

Retraite du mois

Vuillafans, vendredi 2 et mercredi 7 juillet 1897.

O mon Dieu, je devrais avoir peur quand je me vois à quatre semaines à peine du sacerdoce tant désiré. Aujourd'hui, vous me donnez de sentir vivement, nettement, ma misère et mon impuissance. Mon Dieu, je vous le demande, mettez de plus en plus cette conviction dans mon âme : avec une humilité profonde et une confiance absolue en vous, je puis aller au sacerdoce. Sans cela, je devrais reculer.

Ce que je suis, vous le savez, mon Dieu. Vous connaissez les infirmités de mon corps, les faiblesses de mon esprit, les misères de ma volonté : vous savez qu'humainement parlant je ne suis bon à rien : vous savez que si, autrefois, on a pu espérer faire de moi un saint prêtre, je n'ai pas répondu dignement à ces espérances. Dans une vie trop facile, trop douce, j'ai laissé s'évanouir ma ferveur première, et aujourd'hui, quand je songe à moi, je trouve l'imperfection, la tiédeur, tout ce qui naturellement ferait le prêtre médiocre, peut-être le prêtre mauvais.

Et pourtant, ô mon Dieu, au milieu de ces tristesses qui devraient angoisser davantage encore mon âme, vous ne voulez pas qu'un découragement stérile soit ma misérable ressource : je vous en bénis, mon Dieu. Non, l'homme ne doit jamais désespérer ni de vous, ni de soi. Vous êtes toujours là, et votre puissance, et votre amour veillent sur tous les jours de notre vie, sur toutes les douleurs de notre âme.

.....Ce que, l'année dernière, au moment de mon sous-diaconat, vous avez opéré en moi, cela même, ô mon Dieu, vous pouvez l'opérer à nouveau. Vous pouvez me rendre cette foi, cet amour, cette humilité, cette confiance, ce désir ardent, cette volonté ferme de la vie mortifiée et apostolique, dévouée à vous et aux hommes. Mon Dieu, je puis encore réaliser en moi le prêtre selon votre désir : le prêtre chaste, humble, pauvre serviteur de tous, père et consolateur.

Mon Dieu, préparez-moi, sacrifiez-moi, je m'abandonne à vous.

Lettre à M. l'abbé G.

2 juillet 1897.

.....Ce matin, je relisais doucement les *Méditations sur les saints ordres* d'Henri Perreyve : je relisais, pour la centième fois peut-être, ses pages si touchantes sur l'abandon absolu entre les mains de Dieu et sur l'Eucharistie. Oh! mon ami, que ne ferait-on pas, si on savait s'abandonner à Dieu dans l'humilité absolue, dans la confiance sans limites, si on savait faire de Jésus-Hostie, le compagnon inséparable, l'ami fidèle de toute la vie! En un sens, la voie de la perfection est très simple : monter, c'est s'unir davantage à N.-S. Jésus-Christ par l'amour; chaque ordre que nous recevons nous unit davantage à Jésus, par le caractère sacré d'abord, par les fonctions ensuite que nous devons remplir.....

Lettre à M. Dufresne

Vuillafans, 2 juillet 1897.

Quelle joie m'a apportée, mon bien cher Père, l'annonce de votre visite! Au jour de votre arrivée, vous me trouverez à deux semaines de mon ordination sacerdotale. Je serai prêtre le dimanche 1er août, à Besançon. Je comptais rentrer dès le mois de juin au Séminaire, mais je resterai ici jusqu'à la retraite. Dans ces circonstances, mon bon Père, je serai doublement heureux de vous voir. Vous viendrez pour me préparer de près, de tout près, à ce sacerdoce auquel, avec vous, je pensais jadis, alors qu'il était encore si lointain. Le dernier mois qui me sépare du beau jour est commencé depuis hier : je suis heureux, bien heureux. Venez, mon bon Père, pour rendre ma joie encore plus douce et plus sainte.

Vuillafans, 9 juillet 1897. (L. J.)

Lundi, je suis allé à Besançon, et il a été décidé que je rentrerais au Séminaire le samedi 17. J'aurai au Séminaire deux bonnes semaines de calme, de recueillement, pour me préparer au sacerdoce. C'est beaucoup déjà ; si je me consultais moi-même, je dirais : ce n'est pas assez. Mais je sais, ô mon Dieu, que je dois plutôt regarder vers vous que vers moi. Votre grâce n'a rien perdu de sa mystérieuse puissance : elle pourra de moi le faible, le pécheur, faire le fort, le juste, le prêtre selon votre cœur. Elle pourra me mettre dans cette humilité et cette confiance que vous aimez tant, et qui sont des marques de prédestination et de salut.

Besançon, 19 juillet 1897. (L. J.)

Je suis au Séminaire depuis ce matin. Chose étrange que le cœur humain ! Je désirais ce calme, cette tranquillité d'âme que l'on trouve ici..... et cette première journée, en somme, a été triste. D'abord, il y a les douleurs intimes, les incertitudes, les craintes : vous les connaissez mon Dieu..... il y a les appréhensions pour l'avenir..... il y a un je ne sais quoi qui m'étreint le cœur et me rend sombre, alors que tout devrait être à la joie, à la paix. Mon Dieu, vous me tirerez de cette misère. *De profundis clamavi.*

Besançon, 22 juillet 1897.
(Veille de la retraite.)

Depuis lundi, un mieux, je le sens, s'est produit dans mon âme. Je suis plus calme, moins découragé, moins sombre.

J'espère me débarrasser complètement de toutes mes inquiétudes, de tout ce qui pourrait agiter même la surface de mon âme.

J'espère, ô Seigneur Jésus, que vous me donnerez la paix, que mon âme pourra s'ouvrir à votre grâce, pour la recevoir dans sa lumière, dans sa force, dans ses joies ; j'espère que votre amour, oubliant toutes les fautes, toutes les lâchetés de ma vie, réparera le passé, et me donnera un cœur de prêtre, un cœur aimant, un cœur dévoué. J'espère qu'avec vous, ô Jésus, ô Dieu de mon sacerdoce, c'est une vie nouvelle qui va commencer : la vie que vous m'avez donné d'entrevoir et d'aimer aux premiers jours de mon séminaire, la vie sainte, humble, chaste, pauvre, obéissante ; la vie sacerdotale, apostolique ; la vie donnée tout entière, sans réserve, sans retour, à vous, ô Jésus, et aux hommes pour l'amour de vous.

Seigneur Jésus, j'espère cela de votre cœur. Je l'espère de votre Mère, ma Mère, qui m'a conduit jusqu'à ce jour, et qui sera la reine de toute ma vie, la sanctification de mon sacerdoce, l'espérance et la consolation de ma mort!

Retraite préparatoire au sacerdoce

Besancon, 23 juillet - 2 août 1897.
Ordination 1er août.
Première messe 2 août.
Notre-Dame du Chêne, 4 - 6 août.

Vraiment, complètement prêtre, s'oublier soi-même — être à Dieu, être aux hommes : Seigneur, c'est cela que doit faire en moi cette retraite à laquelle votre amour me conduit..... O mon Dieu, donnez-moi d'arriver à l'ordination sacerdotale avec un cœur qui soit digne du sacerdoce, avec un cœur d'apôtre. (*23 juillet.*)

Sanctificari. — Sanctificare.

Par quelles angoisses, par quelles douleurs de l'âme, par quels instants d'affaissement moral, et presque de découragement fatal, j'ai passé, ces derniers jours, Seigneur, vous le savez. Vous n'avez pas voulu que tout le poids de la croix pesât sur mes faibles épaules : peut-être, Seigneur, était-ce le châtiment de mes fautes, de mes misères ; peut-être, était-ce seulement le chemin que je devais traverser pour mieux comprendre ma vie de futur prêtre. Quoiqu'il en soit, Jésus, je n'ai plus aujourd'hui qu'à vous bénir : vous m'avez rendu la paix, le calme, sinon la joie. Et la joie, vous me la donnerez, sinon sur la terre, du moins un jour au ciel.

Ce matin, je me suis confessé, et, de cette confession qui a fait tant de bien à mon âme, je veux retenir une grande pensée, celle que votre prêtre, ô Jésus, m'a donnée comme règle de ma vie : *sanctificari, sanctificare* : saint et sanctificateur.

Mon Dieu, avant de contempler cet idéal que doit désormais réaliser ma vie, j'ai besoin de m'élever jusqu'à vous pour y refaire mon courage, pour soutenir mon espérance.

Me sanctifier, devenir un saint;..... faire des saints de ceux qui m'entoureront demain : comment mes forces le pourraient-elles?

.....O Seigneur Jésus, j'espère en vous.

J'espère en vous, parce qu'en venant aujourd'hui à votre sacerdoce, j'ai la confiance de répondre à votre appel et à votre amour. C'est vous qui m'avez choisi, qui m'avez appelé; c'est vous qui avez montré à mes désirs, à mes rêves de jeunesse, la royale couronne du sacerdoce..... C'est pour être prêtre que vous m'avez donné d'être, quand vous avez exaucé la prière que la foi de ma mère jetait à votre cœur;..... c'est pour me conduire au sacerdoce que vous avez veillé sur mon enfance et ma jeunesse, me relevant après mes chutes et aux heures où le monde cherchait à me séduire, me montrant le terme, le terme béni que vous vouliez et dont j'avais peur. Vous le savez, ô Jésus, quand j'ai quitté le monde pour aller où vous m'appeliez, mon cœur souffrait et mon âme était brisée : je voyais ce que je laissais; je ne savais pas les joies, les honneurs que vous réservez à vos prêtres ; je n'avançais que pour répondre à votre voix qui se faisait entendre si forte, si triomphante. O Jésus, c'est vous qui m'avez choisi.

.....Oh ! j'ai bien souffert autrefois, quand ma santé ébranlée me défendait de rêver au lendemain. Je désirais tant le sous-diaconat, je désirais tant la gloire d'être votre prêtre ; alors, pour me fortifier en face de la pensée de la mort, j'avais besoin de me réfugier dans un abandon absolu à votre volonté : votre grâce m'aidait à faire cet abandon suprême, et bien des fois, ô Maître, je vous ai dit que, si vous ne vouliez pas m'accorder une vie de sacrifices, je vous offrirais au moins avec amour le sacrifice de ma vie.

.....Jésus, je ne vous demande pas une vie douce et paisible : au ciel, je le sais bien, je serais plus heureux que sur la terre. Il ne faut pas les plaindre, ceux que vous attirez à vous, à la fleur de leur jeunesse, et que vous arrachez ainsi à la fureur des tempêtes. Pourtant, ô Jésus, je n'aurais pas aimé à mourir jeune, je voulais le combat ; et aujourd'hui, aujourd'hui que je connais mieux les dangers du monde, les périls et les amertumes de la vie du prêtre, je vous demande encore quelques années de vie pour lutter dans votre amour. Mais, n'est-ce-pas, que ce soit toujours une vie de prêtre, de vrai prêtre, de prêtre *sauvé* et *sauveur* !

Sanctificari

Chasteté. — .....Oui, il faut être chaste pour vous aimer *plus que tout*, et pour aimer les hommes avec un cœur d'apôtre. L'amour de la terre peut être très beau et très noble, mais, jamais, jamais il ne dilatera à l'infini un cœur : il concentre sur un point les trésors d'amour et d'énergie que l'âme a reçus ; il ne laisse plus les regards de l'intelligence et du cœur contempler sans cesse votre croix dressée sur le monde pour sauver le monde tout entier.....

Mais le prêtre, ô Jésus, le prêtre, il est l'homme universel, l'homme qui reçoit de vous mission de sauver les âmes. Quelles âmes?..... toutes les âmes. Son ambition, quand elle se borne aux désirs, n'est plus pleinement sacerdotale. Il est prêtre pour que vous soyez mieux connu, mieux aimé; il est prêtre pour le salut du monde. Son cœur doit être grand comme votre cœur. Or, presque seule, la chasteté peut dilater ainsi la puissance de l'amour. Puisque, pour vous aimer plus que tout, il faut la chasteté, ô Jésus, je veux être chaste, et je vous demande l'amour de la chasteté.

Humilité. — Mon Dieu, quelle est en moi la valeur de cette lumière émanée de votre lumière, et qui s'appelle l'intelligence humaine? Quelles sont les puissances de mon imagination et de mon cœur?... Seigneur, je n'en sais rien, et, dans l'intérêt de mon amour-propre, il faudrait peut-être que je l'ignorasse toujours. Une certaine facilité de travail, une certaine aptitude à tout comprendre (pour tout oublier, hélas!) tout cela a pu faire croire à quelques-uns qu'on pouvait sur moi fonder des espérances..... Et, naïvement, j'ai aimé souvent à me persuader la même chose. Mon Dieu, comme vous avez bien agi pour me guérir, en me condamnant au repos, à l'impuissance, à l'oubli des hommes, en m'imposant la vie humble et inconnue! Je ne suis pas guéri, hélas! et l'heure est venue où des occupations vont m'être données qui favoriseront davantage mon orgueil..... Oh! sans doute, quand on m'aura vu à l'œuvre, on connaîtra bientôt la misère qui se cachait sous des apparences brillantes de science et d'intelligence..... Beaucoup déjà ont vu ce qu'il fallait au juste penser de moi, les autres le verront, et moi, moi seul je ne le verrai pas? Je ne le verrai pas, ô mon Dieu, si votre grâce ne vient pas éclairer mon âme et fortifier mon cœur.

.....Vos prêtres, précisément parce qu'ils sont prêtres, courent des dangers très grands de se laisser aller à l'orgueil. Même aujourd'hui, au milieu des persécutions et des haines, ils sont entourés très souvent de respect, d'affection, de dévouement. De bons chrétiens se trouvent encore qui comprennent la dignité sacerdotale et qui l'honorent. Ces respects, ces honneurs, Seigneur, ils sont pour vous ; c'est à vous qu'ils s'adressent; c'est vous qu'on honore dans vos prêtres. Oh! ne permettez pas que je veuille jamais garder pour moi ce qui doit être votre bien, ne permettez pas que je vous dérobe votre gloire !

.....Je ne sais pas, mon Dieu, ce que me réserve l'avenir. Oserais-je vous demander une vie à l'abri des honneurs du monde, une vie où je ferais le bien sans que les hommes puissent s'inquiéter de mon nom, une vie, si vous le voulez, où j'aimerais à souffrir la persécution, le mépris? Je ne sais pas encore, ô Maître, si j'en ai vraiment le courage..... Mais, je vous le demande à genoux, ô mon Dieu, dans les honneurs, dans les humiliations, dans le mépris, dans l'estime des hommes, dans la gloire ou dans l'ignominie, gardez-moi le cœur que je dois avoir, le cœur de prêtre ; gardez-moi l'humilité vraie, paisible et sincère, l'humilité que vous voulez dans mon âme, l'humilité qui est, en somme, la justice et la vérité. *(26 et 27 juillet)*.

Mon Dieu, dans les lettres que je reçois, je vois l'affection dont je suis entouré, l'estime dont quelques-uns m'honorent; cette affection me console, mais cette estime et ces espérances ne doivent-elles pas m'attrister? .... Ils ne me connaissent pas, et moi, hélas! je me connais..... Je sais ce qui me manque, je connais la fragilité de mon cœur, la faiblesse de ma volonté, l'inconstance de mes résolutions ; j'ignore des choses que je devrais connaître, j'ignore surtout la perfection sacerdotale. Seigneur Jésus, je devrais avoir peur !

Oh! mettez bien, mettez profondément dans mon âme, non plus un désir, non plus un souhait vague et stérile, mais une volonté ferme, inébranlable de la sainteté..... Dans quelques jours, j'aurai retrouvé le monde : dans quelques semaines, j'aurai trouvé une vie nouvelle, pleine de dangers et de responsabilités écrasantes ; que partout, ô Jésus, je me rappelle ces vérités que j'ai vues, que j'ai comprises si lumineuses pendant ces jours bénis ; que partout et toujours je veuille être saint.

.....Je comprends l'avenir que vous voulez me réserver : la vie pieuse, laborieuse, dévouée, la vie sans les petites joies du monde : renoncement à tout, renoncement aux récréations profanes, aux longues causeries inutiles et mondaines, renoncement au repos, au bien-être, et dévouement à Dieu et aux âmes. Vous le voulez, ô Jésus ; je veux avec vous. Je vous bénis de me montrer ce chemin ; ma nature et ma chaîne frémissent, aujourd'hui, aujourd'hui tout particulièrement. J'ai senti l'aiguillon : je serais tenté de me révolter, de secouer le joug, de vouloir continuer dans le sacerdoce la vie facile et douce que j'ai menée trop longtemps *(28 juillet)*.

.....Je sais bien qu'au sortir de cette retraite les douloureuses occupations du monde viendront me chercher et voudront faire que j'oublie les liens qui nous unissent. — Seigneur, je me réfugie dans votre cœur; je vous confie, je vous abandonne tout. Je sais bien que je suis faible; je ne sais pas prier, tout effort me décourage et m'irrite. Comment puis-je dire : je veux vivre pour vous..... moi, le pauvre pécheur que vous allez honorer de votre sacerdoce? O Jésus, je m'abandonne : je vous confie le passé, le présent, l'avenir, je vous abandonne ma misère : du néant vous avez fait le monde ; de ma misère, faites la sainteté..... J'aurais tort, grand tort de ne pas me confier complètement, sans réserve, à votre cœur qui m'a tant aimé.

La Sainte Vierge

A la veille du sacerdoce, ô ma Mère, il m'est très doux de penser que je vous ai tout confié, et que je n'ai rien gardé pour moi-même. Je viens de renouveler devant votre autel l'abandon complet des œuvres satisfactoires que je ferai et qu'on fera pour moi : ces richesses vous appartiennent, ô Mère. Mes prières vous appartiennent, mes mérites reposent dans votre cœur..... je suis bien complètement votre enfant.

Ma Mère, il est une grâce que je veux spécialement vous demander à ce grand moment de ma vie : je veux vous demander votre cœur. La vocation de prêtre est analogue à votre vocation : le prêtre continue votre œuvre, il donne Jésus au monde comme vous l'avez donné. Jésus, dans deux jours, s'abandonnera à mes mains comme Il s'abandonnait à vos mains maternelles.

.....A l'égard de Jésus, je peux vous demander un cœur d'ami, de frère, d'enfant : j'aime mieux, j'aime mieux vous demander un cœur de mère..... et encore un cœur de mère pour tous les hommes. L'amour d'une mère ! On dit que, de tous les amours de la terre, il est le seul que l'égoïsme ne blesse pas dans sa fleur : la mère veut le bonheur de son enfant, elle est heureuse de ses joies, elle fait ses souffrances de ses souffrances. O Marie, donnez-moi un cœur de mère pour aimer Jésus de cet amour respectueux, tendre, dévoué jusqu'à la mort, de cet amour dont vous l'aimiez ; un cœur de mère aussi pour aimer les hommes. Des âmes vont m'être confiées : vous me donnerez de les aimer, de comprendre leurs souffrances et de savoir les consoler, en leur préparant le bonheur vrai, éternel, le bonheur qui ne trompe pas. *(30 juillet).*

Sanctificare

Dans deux jours, ô Jésus, dans deux jours, je

serai prêtre..... Et dès lors, le grand but, la raison d'être de ma vie ne sera plus de me sanctifier, mais de sanctifier les autres.

.....Le zèle qui remplissait votre âme, le feu sacré qui dévorait votre cœur, ô Jésus, vous l'allumerez en moi..... Vous seul, vous seul, ô Jésus, pouvez faire en moi ce cœur qui doit être aimant comme le cœur d'une mère et fort comme le cœur d'un Dieu. Demain, quand, pour la dernière fois, je me prosternerai dans le sanctuaire pour mourir aux misères de ce monde ; demain, quand je vous aurai reçu sur mes lèvres qui vous auront fait descendre sur l'autel, je vous demanderai de prendre mon cœur, d'en faire un cœur d'apôtre. — Ce cœur d'apôtre, aimant, désintéressé, généreux, ce cœur, il me le faut pour vous, et vous me le donnerez — (*30-31 juillet*).

Journée trop rapide, Seigneur!.....

J'aurais encore tant à faire : j'aurais tant à vous dire dans votre tabernacle !

.....Demain, je serai prêtre pour l'éternité..... Ce matin, j'ai reçu une dernière absolution, une dernière bénédiction de mon Directeur.

.....A midi, ma mère est venue, elle m'a apporté une joie très douce : M. Dufresne a demandé pour moi la bénédiction du Saint-Père, Léon XIII me l'a envoyée ainsi qu'à tous mes parents..... O Jésus, cette bénédiction, elle sera, n'est-ce pas ? sur mon sacerdoce, sur ma vie.

De tous côtés, je reçois d'affectueux témoignages de sympathie, d'affection, des objets pieux qui viennent entourer mon sacerdoce..... Mon Dieu, vous me donnerez de faire du bien à toutes ces âmes qui m'aiment tant.....

Oh ! cette bénédiction du Pape, quelle joie inattendue, inespérée, quelle bénédiction pour mon sacerdoce !

Jésus, on me l'a dit ce matin, ce doit être une de mes grandes résolutions de retraite sacerdotale : depuis cette heure où je serai prêtre, je devrai vivre non seulement *avec vous, mais en vous.* — Vous allez faire notre union si intime que, véritablement, les hommes vous jugeront, vous aimeront dans la mesure où, moi-même, je serai digne de leur respect ; si intime que, pour vous faire descendre sur l'autel, je dirai : *hoc est corpus meum, hic est sanguis meus*..... O Jésus, je dois désormais vous porter dans ma vie..... Je prêcherai, je confesserai, je parlerai, je visiterai les pauvres, les malades, les heureux, les riches. Il faudra que ce soit vous qui fassiez tout cela — *Imitamini quod tractatis,* me dira-t-on. O Jésus, je dois me couvrir de vous, je dois vous revêtir tout entier, dans la majesté de votre sacerdoce, dans l'humilité de votre sacrifice, dans la force de votre amour, dans la douceur de votre zèle..... *Mihi vivere Christus est.* Seigneur, Seigneur Jésus, donnez-moi d'être digne de vous, digne de votre sacerdoce.

Donnez-moi de réaliser votre parole sainte, que tant de fois j'ai entendue : Le prêtre, c'est Jésus-Christ vivant sur terre ! (*31 juillet*).

1er août

Le jour du sacerdoce ! je viens de revêtir mon aube..... et j'attends l'heure du départ !..... Merci, Seigneur Jésus. Oh ! oui, dans votre amour, ô Marie, conduisez-moi.

Sacerdos in æternum..... C'est donc vrai, ô Jésus, je serai votre prêtre. Demain, je vous tiendrai dans mes mains. Seigneur Jésus, prenez-moi, gardez-moi dans votre cœur, et donnez-moi de réaliser toujours ma mission de prêtre.

Vierge Marie, ma Mère, je vous confie mon sacerdoce, ma vie, ma mort !

3 août

Quelles journées, ô Jésus ! — Quelles joies ! quelles émotions ! quel brisement de l'âme, incertaine encore et éblouie de son bonheur !.... Quelle paix aussi dans ce tumulte extérieur qui est ma vie ! — O Jésus, faites qu'il en soit ainsi, toujours ainsi, de plus en plus, dans votre amour et dans l'amour des hommes.

Notre-Dame du Chêne, 4 août

Je suis arrivé ici à midi, et, depuis cette heure,

j'ai trouvé le calme, la tranquilité dont mon corps et mon âme surtout ont tant besoin. Et je puis enfin revenir sur ces jours, les plus beaux de ma vie – après ceux, ô Jésus, où je vous aurai fait aimer par les hommes, en souffrant pour vous. —

Dimanche, la cérémonie a été belle, digne et touchante. En arrivant à la chapelle, j'étais fatigué, et mon âme souffrait de la faiblesse de mon corps. Mais les forces sont revenues, et j'ai pu jouir de ce bonheur qui fait songer au bonheur du ciel : le bonheur de sentir qu'on devient prêtre.....

Les grâces que j'ai demandées sont d'abord deux des grâces que j'avais demandées déjà à mon sous-diaconat : porter au ciel l'innocence de mon sacerdoce, être un prêtre humble. J'ai demandé aussi d'être un prêtre apôtre : pendant la prostration, je me le rappelle, j'ai supplié Notre-Seigneur de me donner des âmes. O Jésus, vous avez exaucé ma prière !

...Elles ont donc été faites sur moi, ces grandes cérémonies de l'ordination sacerdotale : l'imposition des mains, la consécration avec l'huile sainte, le pouvoir de dire la messe, le pouvoir de remettre les péchés. J'étais ému, beaucoup plus qu'au jour de mon sous-diaconat. Jésus, vous étiez encore près de moi... A la fin, la promesse de respect et d'obéissance. J'ai répondu d'une voix tremblante... Mon Dieu, donnez-moi d'être fidèle à ces promesses, donnez-moi d'être digne de ce sacerdoce que les mains de vos prêtres vous suppliaient avec amour de me donner dans la plénitude de la paix et de la sainteté. Mon Dieu, donnez-moi de me rappeler ce jour.

Après l'ordination, dans la grande salle du Séminaire, les jeunes prêtres ont donné leurs premières bénédictions. J'y ai béni mes amis : j'ai béni des prêtres qui ont incliné devant moi leur vertu et leur sainteté. O mon Dieu, qu'est-ce donc que le sacerdoce ?...

O Jésus! quelle action, quels instants que ceux où, pour la première fois, je vous ai fait descendre sur l'autel! Et pourtant, je crois que mon bonheur actuel est plus grand peut-être encore... Je suis moins ému : les impressions s'effacent, hélas! et le cœur perd quelque chose de sa jeunesse... mais, à l'autel où chaque matin je monte maintenant, à l'autel, je vous trouve, Seigneur, je vous fais descendre de votre gloire, je vous parle, je prie avec vous, je vous commande, je vous donne aux hommes, je me nourris de votre corps, je me sens vivre de votre vie... O Seigneur, maintenant que la Sainte Messe a cessé d'être pour moi le sujet de grandes frayeurs, pendant qu'elle est encore le sujet de saintes joies, je vous demande de me conserver, d'augmenter en moi ce culte religieux de l'Eucharistie. La pensée de la messe que j'ai offerte le matin, que j'offrirai le lendemain, cette pensée doit me soutenir dans toutes les tentations, me consoler dans toutes les épreuves. Jésus, je veux vivre en pensant à vous. Vous me donnerez d'être fidèle aux résolutions que je vais prendre, et qui doivent m'aider à m'approcher toujours de votre autel dans la foi ardente, dans l'amour confiant : fidélité à la préparation, à l'oraison de chaque matin, fidélité à l'action de grâces après le Saint-Sacrifice. Oui, Seigneur, c'est là sûrement que je trouverai, si je sais vous être fidèle, la force qu'il faut à ma volonté, les consolations qu'il faut à mon cœur. Oh ! faites, faites que jamais je n'essaye de trouver ailleurs ce qui doit être la joie de ma vie...

Seigneur Jésus, je veux être digne de votre amitié sainte. (*4 - 5 août.*)

L'amour de Jésus

...Vous me donnez votre corps, votre sang, complètement, toujours ; j'ai sur vous, ô Jésus, un pouvoir que la mère n'a pas sur son enfant : à tout instant, je puis vous appeler près de moi, et vous m'obéissez toujours... Vous vous laissez porter par moi : mes mains vous donneront aux hommes, ou vous laisseront prisonnier dans le tabernacle ; chaque matin, j'aurai le droit — j'ai le droit, car je suis prêtre maintenant : le sacerdoce n'est plus une espérance, mais une douce réalité — j'ai le droit de passer près de vous des instants qui sont doux comme le bonheur du ciel, le droit de vous offrir pour le salut du monde et d'ensevelir dans mon cœur votre corps et votre sang... Et ce sera ainsi, ô Jésus, toute la vie, oui, toute la vie. Vous m'avez fait votre prêtre, et vous ne me reprendrez pas ce que vous m'avez donné : vous vous êtes donné à moi, et donné pour toujours... Je vieillirai, Seigneur, je vieillirai peut-être au milieu des ingratitudes et des oublis du monde ; peut-être ma vieillesse sera-t-elle solitaire et désolée : vous, vous serez toujours là, toujours fidèle, toujours obéissant, toujours l'ami de votre prêtre, l'ami par delà la mort.

Combien ai-je devant moi d'années de vie sacerdotale ?.. Jésus, vous m'avez conservé la vie à des heures où les prévisions humaines me condamnaient à la mort. Il me semble que vous me destinez une longue vie sacerdotale, une longue vie de luttes et de souffrances pour votre amour. Que ma vie soit courte ou que votre miséricorde la prolonge pendant bien des années, ô Jésus, mon amour pour vous ne devra pas connaître de déclin. Les années s'y ajouteront, les impressions de ces jours bénis ne seront plus que des souvenirs ; peut-être la vieillesse viendra ; et je me demanderai tristement comment j'ai pu avoir vingt ans, et comment a passé ma vie... Et alors, et toujours, il faudra, ô Jésus, que dans mon cœur, il n'y ait pas d'autre amour que le vôtre. Entre vous et moi, l'union est à la vie, à la mort, *(5-6 août)*.

...Seigneur Jésus, c'est ici, près du sanctuaire de votre Mère, que je termine ce soir cette retraite qui m'a conduit au sacerdoce. Depuis six jours, je suis prêtre, ô Jésus : les bruits du monde, hélas ! sont revenus me trouver, l'avenir m'est apparu, et je comprends, mieux que jamais, qu'il faut descendre du Thabor pour aller aux infirmités humaines, pour aller aux pécheurs... La vraie vie va commencer pour moi... D'ici à quelques semaines, je verrai comment doivent se passer mes journées, ce que doit être mon règlement de vie, ce que je dois faire pour vous et pour les hommes. Ce soir, ô Jésus, je vous demande de laisser toujours dans mon âme la volonté ferme, courageuse, que vous m'avez donnée pendant les jours de la préparation au sacerdoce, la volonté d'être fidèle à ce qui doit être la règle de ma vie : *sanctificari — sanctificare* ; — je vous demande de faire que je sache toujours garder votre souvenir, et penser que je suis au milieu du monde le représentant de votre majesté, de votre charité, de votre miséricorde. Je vous promets d'être toujours fidèle, à refaire en vous par l'oraison les forces de mon âme — O Jésus, Jésus dont je suis le prêtre, je vous abandonne ma vie, je vous laisse le soin de mon bonheur. Donnez-moi seulement de vivre et de mourir dans la grâce de mon sacerdoce.

QUATRIÈME PARTIE

Le ministère paroissial

Vicariat à Vuillafans : du 15 Août 1897 au 5 Juin 1900.

Lettres d'adieux.

QUATRIÈME PARTIE

Vuillafans, 14 septembre 1897. (L. J.)

Mon Dieu, je n'ai pas devant moi les heures que je voudrais avoir pour écrire doucement, affectueusement, l'histoire de ma vie, depuis la retraite qui m'a conduit à l'ordination sacerdotale : ce serait bien doux pourtant d'écrire ainsi l'histoire de vos miséricordes. J'ai heureusement mon cahier de retraites où je retrouverai les plus douces des impressions que vous m'avez données, et j'espère, mon Dieu, que pour ne rien oublier j'aurai assez de mon cœur, mon cœur où vous avez mis le sceau de votre amour ; mon cœur, que vous avez su remplir de tant de joie, de tant de douleur, de tant de confiance. Désormais, j'espère être plus libre, et pouvoir enfin revenir souvent le soir près de vous, mon Dieu, qui devez être, plus que jamais, la vie de ma vie.

Je vais énumérer rapidement les principaux événements de ma vie depuis l'ordination : ce sera un cadre que mes souvenirs sauront bien remplir.

2 août. — Messe au Séminaire; pèlerinage à Saint-Ferjeux avec tous les jeunes prêtres. Après midi, visite au Collège; le soir, aux Capucins, profession dans le Tiers-Ordre de saint François : j'ai été reçu par R. L. Le corps était brisé, l'âme en paix.

3 août. — Messe à l'Hôpital.

4 août. — Messe au Refuge; départ pour Notre-Dame du Chêne.

5 et 6 août. — A Notre-Dame-du-Chêne.

7 août. — Sainte Messe au Séminaire d'Ornans.

8 août. — Première messe à neuf heures, dans mon Vuillafans; sermon par M. le curé de Pontarlier. Assistance nombreuse et pieuse; à quatre heures, j'ai chanté les Vêpres.

9 août. — A dix heures, office pour les défunts de la famille.

12 août. — Office pour les défunts de la paroisse.

15 août. — A la grand'messe, je montai en chaire : oh! ce premier sermon! J'étais calme heureusement, et je pus me faire entendre sans difficulté.

Le 24 août, des parents, des amis, des prêtres venus pour ma première messe, il ne restait personne. Tout fut fini. Est-ce bien possible?

Tout cela a passé comme dans un rêve, et il me semble que je suis encore à ces mois d'été où j'avais en perspective le sacerdoce. Maintenant, les espérances sont devenues des réalités.

Vuillafans, 29 novembre 1896. (L. J).

Est-ce un peu de calme qui commence enfin, après quatre mois de vie fiévreuse et agitée ? Comme ce calme m'est nécessaire !

Que d'impressions à conserver de ces premières semaines de ministère !

Aujourd'hui, fête de la Présentation. Vierge fidèle, ô Mère tant aimée, tant priée par votre enfant jusqu'au sacerdoce, maintenant prêtre, je vous demande d'être digne de ce sacerdoce que vous m'avez aidé à recevoir, de bien comprendre ces paroles qu'un saint prêtre m'a envoyées comme souvenir des grands jours : *O sacerdos, quis es tu? Non es a te, non ad te, non tibi, non tui.* Je ne suis plus pour moi, je suis pour Dieu et pour les hommes. Oh oui ! comprendre cela et le vouloir. Ma Mère, aidez-moi à être saint et sauveur.

Lettre à M. Dufresne

Vuillafans, 30 décembre 1897.

J'ai été nommé vicaire ici au moment où mon bon curé allait organiser toutes les œuvres par lui rêvées. Ces occupations extraordinaires sont venues se joindre aux occupations ordinaires du ministère, un peu absorbantes pour un jeune prêtre... Aussi le pauvre règlement, bien large pourtant, a été élargi encore au point de craquer de tous les côtés. Je n'ai plus le temps de penser à Dieu, comme je le voudrais : c'est-à-dire que je ne sais pas le trouver. En terminant cette année, je sens aussi que maintenant ce n'est plus seulement de moi que je suis responsable. Cela devrait me faire peur, il me semble que je n'y songe pas assez. Dès le mois de septembre, j'ai eu à administrer des mourants, et pour eux, je me suis servi de votre cher petit crucifix indulgencié, en particulier pour un pauvre jeune homme, paralysé depuis plus d'une année, qui supportait avec une résignation vraiment édifiante ses longues et parfois cruelles souffrances. Comme il est doux de voir la foi qui console aux derniers jours de la vie !

Au commencement de novembre, nous avons ouvert un patronage, où nous avons actuellement une cinquantaine de jeunes gens inscrits. C'est beaucoup pour commencer ! Si le bon Dieu nous aide, (et il le fera si nous avons le courage de nous dévouer sérieusement à nos jeunes gens) j'espère beaucoup pour eux, et par conséquent pour la paroisse. Nous obtenons déjà l'assistance plus régulière aux offices, une meilleure tenue à l'église. Il y a beaucoup à faire, mais, avec la grâce, *rien* n'est impossible.

Vuillafans, 26 janvier 1898. (L. J.)

Le dimanche 16, nous avons eu l'Adoration perpétuelle. De cette fête j'ai pu vraiment jouir, malgré bien des fatigues et des préoccupations. Notre église était bien ornée ; l'effet produit était pieux et recueilli. M. B. a prêché, pieusement et éloquemment prêché. Trois cent cinquante-sept communions. Beaucoup de monde à l'église pendant les offices et en dehors des offices. Journée de consolation, de foi, de prière, d'espérance.

Retraite du mois

Vuillafans, février 1898.

Le découragement, l'énervement du corps et de l'âme, la souffrance physique, vous avez permis, mon Dieu, que je connaisse tout cela. Vous avez permis pour moi l'épreuve, la contradiction. Je devais m'y attendre... On ne m'a pas envoyé au sacerdoce comme au repos et au bonheur, mais comme à la lutte et à la souffrance.

Il y a de grandes tristesses dans la vie du prêtre. La vertu qu'il faut pratiquer coûte à la nature, et ce combat continuel contre un ennemi, qui, vaincu, relève sans cesse la tête, ce combat fatigue et lasse. On est trop seul. Et puis, en dehors de soi, il y a les douleurs sacerdotales, il y a les déceptions, les espérances qui s'écroulent ; il y a les âmes qu'on a tant aimées et qu'on voit impuissantes à se relever vers Dieu d'un vigoureux effort. Il y a la pensée que Dieu n'est pas connu, que les hommes souffrent, et par leur faute.

Lettre à M. Dufresne

Vuillafans, 15 février 1898.

Merci de l'affectueuse et sainte pensée que vous avez eue de me faire part de notre deuil commun. La mort de M. Bieil me cause un grand et profond chagrin. Comme vous, mon bien cher Père, M. Bieil était uni inséparablement aux souvenirs de mon séminaire, aux angoisses, aux joies, à la décision de ma vocation sacerdotale, et depuis mon entrée à Saint-Sulpice, chaque année, il m'avait davantage prouvé son affection et son dévouement. C'est lui qui m'avait conduit au sous-diaconat : il aurait voulu me voir ordonner prêtre à Paris, à la Trinité dernière. Je me promettais de le revoir souvent, d'aller souvent près de lui chercher lumière et courage après quelques mois de cette vie extérieure qui, si facilement, lasse les forces de l'âme. Et je sens bien qu'il faut ne pas penser à soi seul, mais qu'il faut penser surtout à la perte que font le diocèse de Paris et notre cher Séminaire... Que la volonté du bon Dieu soit faite ! Mais vraiment, mon bon Père, à mesure que l'on avance dans la vie, comme on voit ses affections les plus chères s'en aller une à une de l'autre côté de la tombe ! Cela détache beaucoup, et cela met bien dans la vérité, dans la vraie espérance.

Vuillafans, 18 février 1898. (L. J.)

Ma santé est médiocre. J'ai de fortes douleurs rhumatismales et névralgiques dans la hanche. Qu'est-ce que cela ? Mon Dieu, donnez-moi le courage de me réfugier plus que jamais vers vous, en vous. L'épreuve est là, ou plutôt il y a deux épreuves : l'impuissance pour le présent, l'inquiétude pour l'avenir. Mon Dieu, Seigneur Jésus, je vous confie tout, je vous abandonne tout. Que de fois, au pied de votre croix, j'ai accepté la mort ! Pourquoi refuserais-je de le faire maintenant ? Certes, il y a des déceptions et des tristesses dans ma vie. Malgré tout, la vie m'est douce ; elle me sourit : sur la terre, je puis presque espérer du bonheur. N'est ce pas l'heure de refaire le sacrifice de ma vie, d'accepter la mort, ô Jésus, en l'unissant à votre mort ? Seigneur, j'ai peur et je souffre, mais j'accepte et je vous aime.

Vuillafans, 28 février 1898. (L. J.)

Depuis jeudi je ne suis pas sorti. Pauvre santé ! J'ai tristement broyé des idées sombres, manquant de confiance en Dieu, de résignation, ne sachant pas réfugier ma tristesse là où est l'unique consolation. Ce soir, je vous demande pardon, mon Dieu, d'avoir ainsi passé quelques jours en, pour ainsi dire, me défiant de vous.

Tant de fois, à l'heure de mon sacerdoce, j'ai

voulu agir en m'abandonnant complètement à votre amour, pour la vie, pour la mort. O Jésus, pourquoi, à cette heure d'épreuve et de souffrance, chercher à effacer ce qu'il y a de meilleur et de plus doux dans mon passé? Pourquoi chercher en moi, dans mes pensées, ou dans les paroles du monde, la force et l'espérance? N'est-il pas plus simple et plus doux de vous redire : Seigneur, je m'abandonne, je vous confie les misères de mon corps, les tristesses de mon âme? Je vous abandonne le soin de mon bonheur. Vous savez tout, vous pouvez tout, et vous m'aimez. Que votre volonté se fasse en moi, ô mon Dieu! Je m'abandonne à vous pour votre gloire, pour mon bonheur.

Retraite du mois

Vuillafans, samedi 5 mars 1898.

Depuis cinq mois, depuis six semaines surtout, ma santé est médiocre. Et je me trouvais triste, découragé, sans résignation, soit en face de la mort, soit en face d'une vie peut-être douloureuse et en apparence stérile pour votre gloire.

Vous m'avez éclairé, Seigneur, je vous remercie. J'espère la vie, et je vous promets de vous donner mes forces mieux que je n'ai su le faire autrefois. Si je me trompe, si c'est la souffrance ou la mort, Seigneur, j'accepte le sacrifice : *Sacerdos et hostia.*

Quel que soit l'avenir, je sens que je dois profiter de la vie, bien courte peut-être, qui me reste, pour me sanctifier. Mon Dieu, c'est votre volonté, ce sera mon bonheur.

Vuillafans, Vendredi-Saint, 8 avril 1898. (L. J.)

Ces lignes, je les écris pendant l'office des Ténèbres. Ma santé est si médiocre, que je n'ai pas eu le courage de sortir ce soir.

On m'a fait renoncer aussi à toute occupation pour demain et dimanche. J'en ai l'âme brisée. Hier soir, je ne pouvais me résigner, et j'ai passé une nuit atroce, enfiévrée. Aujourd'hui, Vendredi-Saint, le calme s'est fait peu à peu, et je puis ce soir vous dire, mon Dieu, que j'accepte et que je m'abandonne... Où vais-je maintenant ? Au Calvaire, à la mort ? Peut-être. En moi je sens cette dislocation des forces et des énergies qui doit prouver quelque chose. Au fond, je ne sais rien. Dieu est le maître, maître de la vie et de la mort.

Ce que je sais, c'est que je dois être prêt, prêt à guérir, prêt à recevoir une nouvelle vie pour en donner toutes les forces aux hommes, à leurs souffrances, à leurs douleurs — prêt à mourir, prêt à renoncer à ce ministère sacerdotal, si longuement désiré, aujourd'hui si ardemment aimé, prêt au sacrifice suprême, prêt à paraitre devant Dieu.

A Issy, je me souviens que, le Vendredi-Saint,

M. M. nous conseilla de chercher dans notre vie ce que nous devions sacrifier à Jésus mort sur la croix. O Jésus, de nouveau pour votre gloire, pour votre Eglise, pour les âmes, pour ma patrie, je vous offre ma vie : vie de sacrifice, ou sacrifice de la vie.

Vuillafans, lundi 11 avril 1898. (L. J.)

Le sacrifice a été bien complet. Samedi, je ne suis pas sorti. Hier matin, j'ai dit péniblement la Sainte Messe. Le docteur m'a examiné et il m'a condamné au repos pour un temps inconnu. Je serais désolé si la résignation n'avait enfin fait place en moi à cet énervement en somme orgueilleux et coupable. La prière, la lecture d'un chapitre de la *Journée des malades*, m'ont rendu la paix. Je sens que l'avenir m'est complètement inconnu. — Vie ou mort, force ou faiblesse? — Tant de fois, j'ai dit à Dieu : mon Dieu, je m'abandonne à vous. Ne serais-je pas coupable de reprendre ce que j'ai donné?

Retraite du mois

Vuillafans, 18-20 avril 1898.

Toujours, plus que je ne le supposais, il y a six semaines, toujours les souffrances du corps et les angoisses de l'âme en face de l'avenir incertain, plein peut-être de vie, peut-être porteur de mort. Renoncement, sacrifice, fin de bien des rêves, de joies attendues, désirées. Mon Dieu, j'ai accepté, non sans peine, ce calice d'amertume où votre amour seul met un peu de douceur; je ne veux pas vous reprendre ce que je vous ai donné. Pour votre gloire, et pour le salut des âmes, je dis le *fiat* de la résignation, de l'abandon, et, en vérité, de la paix et de la joie. La souffrance est féconde, je le crois ; on me le répète. Mon Dieu, donnez-moi enfin de le comprendre. — J'ai confiance que la sainte Vierge de Lourdes me guérira. Je voudrais une guérison prompte. Peut-être faudra-t-il attendre pour la gloire de Jésus, pour la gloire de Marie, pour le bien de mon âme et des âmes. Notre-Dame de Lourdes, vous me guérirez, vous me sanctifierez, où, quand vous voudrez ; je vous confie mon corps et mon âme.

Vuillafans, 22 avril 1898. (L. J).

Opération en perspective, non pas sûre, mais hélas! probable. Avec la grâce de Dieu, j'ai accepté cette probabilité sans colère, sans désespoir. Je suis las de l'incertitude : il me tarde de savoir. En attendant, je dois me préparer à la vie, à la mort.

Je viens de commencer avec ma mère une neuvaine à Notre-Dame de Lourdes, promettant un voyage à Lourdes si je me guérissais sans opération. Je crois, (mon Dieu, ne me le reprochez pas!) que tout cela doit tourner pour la plus grande gloire de Jésus et de Marie, pour le salut de mon âme et des âmes. Notre-Dame de Lourdes, écoutez-nous!

Dimanche, j'ai reçu l'autorisation de dire la Sainte Messe dans notre petite chapelle, et j'y ai célébré mardi... reprenant le sacrifice interrompu le 21 novembre 1883 (1). Que d'émotions pour ma mère et pour moi... Oh! oui, la terre ne doit être que le chemin du Ciel!

Vuillafans, 28 avril 1898. (L. J.)

Je vais aller à Lausanne, consulter un spécialiste.

Je suis triste, très triste. J'ai en perspective des semaines de repos et peut-être de souffrances, après les angoisses d'une opération... et peut-être la mort qui serait sans doute lente et douloureuse. Cependant il faut accepter et bénir. Quelle qu'en soit l'issue, vie ou mort, ces semaines doivent servir beaucoup à ma sanctification et au salut des âmes. C'est une force que Dieu met entre mes mains. Oui, il faut aimer et accepter joyeusement la souffrance et la mort. Aimer la mort, la dernière messe du prêtre! souffrir et mourir avec Jésus pour le salut du monde !

Vuillafans, 25 mai 1898. (L. J.)

Ce sera sans doute la vie. Le docteur de Lau-

(1) Allusion à la dernière messe célébrée dans cette chapelle par M. l'abbé Bossu, oncle de M. l'abbé Grenier.

sanne m'a examiné, il répond de la guérison.

Je suis rentré à Vuillafans le 13 mai, le jour de mes vingt-quatre ans ! Quel retour! M. le curé m'attendait à la gare. Il me semble que la sainte Vierge me protège et veut me guérir.

Lettre à l'abbé M.

Vuillafans, 22 juin 1898.

Priez, cher ami, pour que le bon Dieu achève de guérir mon pauvre corps, et surtout pour que je profite de la grâce de la maladie, car c'est une grâce et une très grande. Seulement il faut s'en servir, et on a de la peine à se résigner, à abandonner les petites œuvres commencées, surtout quand on sent que ces œuvres auraient besoin de beaucoup de dévouement sacerdotal.

Vuillafans, 15 septembre 1898. (L. J.)

Aujourd'hui, à quatre heures, un télégramme de Neuchâtel nous annonçait l'état très grave de ma tante Augustine. J'aurais voulu partir demain matin. Je renonce à le faire à cause de ma mère qui est dans son lit, et qui s'effraie à la pensée de mon absence. A moins d'un miracle, le dénouement est proche. Quand nous le connaîtrons, je partirai de façon à ne passer que quelques heures à Neuchâtel, dans ce Neuchâtel où, à dix-sept mois d'intervalle, seront mortes les deux chères tantes qui nous rattachaient au passé, reportant sur nous toute l'affection dont elles entouraient ceux que nous remplaçons en ce monde. C'est un brisement dans notre vie. Pourvu que ces chagrins ne retardent pas la guérison de ma mère !

Et au milieu de ces douleurs qui sont les nôtres, il y a les douleurs de la France, les préoccupations que nous donne la situation actuelle. Malgré ses fautes, ses erreurs, aimons toujours notre chère Patrie, et sachons toujours dire la fière parole du duc d'Aumale : « Il reste la France ! »

Vuillafans, 23 septembre 1898. (L. J.)

Tante Augustine est morte lundi 19, après vingt heures d'agonie, sans toutefois de grandes souffrances visibles. Elle est partie de ce monde, quand les sœurs terminaient près de son lit la prière du soir et récitaient les dernières et touchantes strophes du *Stabat :*

Quando corpus morietur
Fac ut animæ donetur
Paradisi gloria!

Parti d'ici mercredi matin, j'arrivais à Neuchâtel à quatre heures. Ma pauvre tante n'était pas encore dans le cercueil... Je priai dans cette chambre, près de ce lit où était déjà morte ma tante Octavie.

La cérémonie du lendemain fut touchante, comme celle du 10 avril 1897; le discours de

M. le Doyen fut simple, mais très juste et très ému ; tous partageaient notre deuil : ma tante est profondément regrettée dans cette ville de Neuchâtel, où elle a, pendant tant d'années, donné tant de son dévouement.

Je suis rentré ici hier, triste et fatigué, résigné cependant, mais de plus en plus éclairé sur la vie par les morts qui viennent chaque année renouveler le deuil de notre vie. J'ai vingt-quatre ans, et dans ma famille, de la génération qui m'a précédé, il reste ma mère seule... Le vide s'est fait, et aujourd'hui c'est près de Dieu que je dois chercher les miens.

Lettre à M. l'abbé L.

Vuillafans, 2 novembre 1898.

...A l'heure où vous répondez à la voix de Dieu, (1) je ne dois pas m'attrister de votre départ. Sans doute, j'espérais profiter de votre affection en vous voyant souvent, en vous entretenant de mes tristesses et de mes joies. Le bon Dieu vous appelle : nous ne cesserons pas, n'est-ce-pas ? de nous aimer. De loin, dans le sacrifice, votre affection m'aidera mieux encore, et elle en aidera beaucoup d'autres. Cher ami, je ne dois que vous féliciter, car Notre-Seigneur, en vous appelant au sacrifice, vous donne une grande

(1) M. l'abbé L. quittait le clergé séculier pour entrer dans un ordre religieux.

preuve de son amour, d'un amour de prédilection, et vous, en lui répondant, vous vous montrez digne de cet amour. Vous allez être Prêtre et Hostie, que Notre-Seigneur soit avec vous!

Vuillafans, mardi 15 novembre 1898. (L. J.)

Les vendanges ont été plus qu'insignifiantes. Le 25 octobre, j'ai appris la nouvelle de l'entrée aux Capucins de l'abbé L.. Cette nouvelle m'a atterré. Comment, mon Dieu, nous, dans notre vie si facile et si douce, pourrons-nous mériter le Ciel!

Depuis le commencement d'octobre, ma santé est bien meilleure. J'ai prêché le 9, le 16 — pour la Toussaint, à Vêpres, sur les morts. — Ce sermon était pour moi une grosse émotion : je voulais vraiment parler aux âmes. Ai-je réussi? Ai-je fait un peu de bien? Rien ne me laisse le supposer, et c'est une souffrance. Pourtant, on m'a écouté avec attention, on a pleuré, on m'a ensuite fait les inévitables compliments. Mon Dieu, vous savez bien que je *voudrais* autre chose!

Vendredi et samedi, j'ai fait le voyage de Neuchâtel-Lausanne; quelle triste arrivée à Neuchâtel! Mère V. a été excellente pour moi, mais cela ne pouvait m'empêcher de me souvenir du passé. Ce sont des joies finies. Le samedi, le docteur de Lausanne m'a trouvé en excellent état : c'est la guérison, c'est la vie... Est-ce bien vrai? Mon Dieu, si c'est bien vrai, si vous avez voulu me rendre la santé, me donner des années de vie, oh! faites, faites que cette vie soit pour vous! Pour vous, mon Dieu, et pour la France, aujourd'hui si déchirée, si malheureuse, si agonisante. Mon Dieu, pour vous et pour ma patrie, donnez-moi de savoir travailler et de savoir souffrir.

Retraite particulière

Au Grand Séminaire de Besançon.

5-8 décembre 1898.

Seize mois se sont écoulés depuis mon ordination sacerdotale, et les chemins que vous m'avez fait traverser sont, ô Seigneur, présents à ma mémoire. Il y a eu surtout le chemin de l'épreuve : épreuve pour le corps, épreuve pour l'âme.

Le corps! il a souffert, ô Jésus, il a senti son impuissance et sa misère : vous l'avez laissé descendre tout près de ces rivages de la mort, où votre voix parle mieux et se fait mieux entendre. Aujourd'hui, incapable encore de grand travail et de sérieux efforts, il est moins faible pourtant : il se reprend à espérer et à pouvoir.

L'âme! plus que le corps peut-être, elle a connu sa misère. Une fois de plus, elle a fait l'humiliante expérience de sa faiblesse, de sa lâcheté. O Seigneur, quand donc, quand donc voudrai-je être un saint? Quand le voudrai-je d'une volonté vraie? d'une volonté que n'arrête plus le premier obstacle, le premier combat?

Mon Dieu, vous m'avez donné la vie, le baptême, le sacerdoce. Comme homme, comme chrétien, je vous appartiens. Mais, comme prêtre surtout, je vous appartiens tout entier... Comme Maître, comme ami, vous me demandez les pauvres forces de mon être... Mon Dieu, pour le passé, il faut que je vous demande humblement le pardon et la miséricorde; pour l'avenir, le courage.

O Seigneur, brisez mon égoïsme misérable. J'ai médité sur votre amour... je vais le faire encore à vos pieds, devant votre tabernacle. Que votre cœur change mon cœur et lui donne enfin de s'oublier!

Seigneur, je puis encore devenir un saint, mais il est temps de réparer le passé. Sans découragement, je me mettrai à l'œuvre, et votre force aidera ma faiblesse.

Je m'en souviendrai surtout pour mettre, au début de ma journée, et autant que possible avant la Sainte Messe, l'oraison pieuse, ardente, courageuse... Que cela, pour moi, soit maintenant, mon Dieu, un *principe sacré*! Une triste expérience me l'a appris : sans l'oraison, la vie sacerdotale est *impossible* : il faut, le matin, ces instants d'union à vous, qui, ô Jésus, attacheront l'âme à votre volonté, à votre amour, et l'y maintiendront.

Vuillafans, 9 décembre 1898. (L. J.)

Je viens d'aller faire une retraite au Séminaire de Besançon. Je me suis confessé à M. S., qui a été bon, trop bon pour moi. Que j'aurai de peine à lui faire bien voir que je ne vaux rien, moralement et intellectuellement ! Une certaine facilité de travail l'a trompé sur mon compte, comme elle a trompé beaucoup d'autres.

Je rapporte des résolutions simples, pratiques, quoique larges. C'est la vie à modifier, je le sens bien : j'ai compris pendant cette retraite, que, prêtre, je devais vivre non pour moi, mais pour le Christ. Et cela est facile, cela ne bouleverse pas l'extérieur de l'existence. C'est la vie de l'âme à orienter. Seigneur, aidez-moi.

Lettre au Révérend Père H. (1)

Vuillafans, 19 décembre 1898.

Vous dirai-je que vous avez choisi la meilleure part ? Oh ! oui, je le crois de toute mon âme. Quand Dieu veut nous donner une marque de son amour, Il nous appelle au sacrifice : ce qu'Il nous demande est la mesure de ce qu'Il veut nous donner...

Oh ! combien je souhaite, si vous avez trouvé votre voie, que Dieu vous donne d'y marcher avec toute l'ardeur, toute la générosité, tout

(1) Anciennement M. l'abbé L.

l'amour qu'Il veut voir en vous ! Il faut passer par la mort pour vivre de la vie de Jésus, pour communiquer cette vie à ceux qui ne l'ont pas. Chaque jour, là-bas, vous mourez, et, par conséquent, vous entrez dans la vie. Que Notre-Seigneur vous donne la lumière, la force, le courage ! Qu'Il console ceux que vous avez laissés !...

Cette année 1899 que nous apportera-t-elle ? Pour moi, l'avenir est bien mystérieux. Ma santé s'améliore chaque jour ; bientôt peut-être, elle me permettra de quitter Vuillafans, et je crois que je ne dois pas désirer rester ici comme vicaire : il m'est si difficile d'y faire du bien, d'y être vraiment prêtre !... Il faut tout quitter, tout quitter pour Dieu : c'est la vérité, le devoir. Priez pour moi, cher et bon frère, afin que je voie la volonté de Dieu, et que j'aie le courage de l'accomplir.

Retraite du mois

Vuillafans, vendredi et samedi 3-4 mars 1899.

O Jésus, pourquoi ne puis-je donc pas *vouloir?* Pourquoi ne suis-je pas un saint?... Ma pauvre vie se passe dans le néant, dans l'inactivité... Depuis dix-huit mois je suis ici, et, à part les jours où j'ai souffert, mon Dieu, je n'ai rien fait.

Lettre à M. Dufresne

Vuillafans, 15 mars 1899.

...Hélas! mon bon Père, que c'est donc difficile de faire quelque chose ! Depuis que je suis remis à peu près complètement de ma maladie de l'année dernière, et que je sens davantage le besoin d'agir, le besoin de ne pas être ici-bas dans une paisible oisiveté, si vous saviez comme je souffre de mon impuissance, de cette vie trop tranquille qui est la mienne ! Et le plus dur est de penser que cette impuissance auprès des âmes est peut-être le trop juste châtiment des misères, des petites lâchetés de chaque jour. Si au moins l'on avait le courage d'être un saint, on saurait que l'on sert presque à quelque chose ! J'espère en Dieu et en l'avenir !

Notre-Dame du Chêne, 6 juin 1899.

Mon Dieu, vous m'avez conduit ici pour trois jours, trois jours de calme, de paix, de silence, au milieu de ma vie agitée et troublée. Mon Dieu, je vous en bénis.

Ici, Seigneur, près du sanctuaire de votre Mère, ici où j'étais venu me recueillir au lendemain de ma première Messe, je puis, avec vous, me remettre en face des grandes vérités qui doivent soutenir ma vie. Mon Dieu, donnez-moi la pensée suave et salutaire de la mort.

Mourir ! je ne veux pas, je ne puis pas ! C'est le premier cri de la nature et de la vie, c'est la pensée inconsciente de la jeunesse qui sent sa force. Et cependant, Seigneur, cela est vrai, je dois mourir, peut-être bientôt !...

...Non, mon Dieu, non, je n'ai pas le droit de gaspiller les forces que vous m'avez données et de les dissiper en des joies, honnêtes sans doute, mais inutiles et inféconde s! Pour l'homme qui doit mourir il y a d'autres devoirs. Pour soi-même, s'assurer là-haut une demeure près de vous : cela, c'est de l'élémentaire bon sens, j'allais dire, du simple égoïsme, si ce mot pouvait avoir un sens droit.

Mais les autres, les autres, il ne faut pas les oublier. Ils doivent mourir, eux aussi, et ils n'y pensent pas, et ils perdent leurs âmes!

Mon Dieu, donnez-moi de les faire penser à la mort, non pas pour les attrister, non pas pour les effrayer, — mais pour les transformer, les éclairer, pour les fortifier. Mon Dieu, si tous nous voulions bien comprendre ce qu'est cette vie, si nous passions ici-bas, préoccupés surtout de mériter l'autre vie, en vous servant avec fidélité, comme il ferait bon sur la terre!

Je veux, Seigneur, être un ouvrier du bien et de la justice. Je veux travailler pour que votre règne arrive parmi les hommes. Je veux, par l'Evangile, donner aux hommes la vérité, la justice et la paix.

Retraite du mois

Vuillafans, 11-17 août 1899.

Devenir un Français utile à la France, un

prêtre utile à Jésus et à l'Eglise : voilà le devoir.

Seigneur, vous me pardonnerez, si j'unis à votre nom sacré le nom de la France. Vous, Seigneur, vous avez donné l'exemple de l'amour de la patrie — Oui, et quand on a pour patrie la France, on peut bien unir son amour à celui de l'Eglise.

Où en est la France, vous le voyez, mon Dieu. Et où en est l'Eglise, vous le savez aussi !

Lettre au Révérend Père H.

Vuillafans, 24 août 1899.

...Si vous saviez comme vous avez, vous, choisi la meilleure part, la part qui donne une toujours renaissante jeunesse ! Si vous saviez comme de plus en plus on s'use dans ce ministère paroissial, au sein des tentations, des déceptions, au sein même des luttes pour la justice et la vérité ! Si vous saviez comme c'est triste de se sentir impuissant en face du mal, et de penser que ses fautes, ses misères de chaque jour sont peut-être la cause vraie de cette impuissance ! Si vous saviez comme c'est triste de se sentir si faible soi-même, si pauvre et si lâche, et de n'avoir pas le courage de se jeter, sans plus regarder en arrière, dans le dévouement et le sacrifice ! Si vous saviez comme c'est triste de voir autour de soi les hommes malheureux par leur faute, mettant toute leur ambition ici-bas, pauvres esclaves de l'intérêt, de la passion ou de la haine!... Amèrement, quoique avec résignation, je demande à Dieu pourquoi, au lendemain de mon ordination, à l'heure où j'étais encore capable de courage et de sacrifice, il m'a mis dans ce pauvre Vuillafans, où je ne peux pas être prêtre, prêtre complètement et seulement prêtre!...

Lettre à M. Dufresne

Vuillafans, 26 septembre 1899.

Depuis ma dernière lettre, j'ai fait deux voyages, dont l'un bien triste, pour aller assister à l'enterrement de mon prédécesseur à Vuillafans. Vous avez connu, je crois, ce cher abbé Bolle-Reddat. Envoyé, il y a deux ans, dans une paroisse assez forte, il s'est tué dans une œuvre de jeunes gens.

Mon deuxième voyage : Lourdes, avec le pèlerinage franc-comtois (12-19 septembre.) Mon bon Père, j'ai été ravi. Nous avons trouvé à Lourdes 10.000 pèlerins, parmi lesquels 1.200 hommes de l'Anjou. Ah! les braves gens! Quelle foi, et quelles prières à Lourdes! Il y a eu des miracles pendant que nous y étions. Mais, pour moi, le grand miracle, c'est Lourdes, c'est-à-dire, c'est cette foule se pressant dans les églises, devant cette grotte, sur la parole d'une enfant, c'est l'ardeur et la joie de ces pèlerins, c'est surtout tout ce qu'on éprouve sans pouvoir le dire.

Je suis toujours vicaire à Vuillafans, mais on n'est pas prophète dans son pays. Je sens qu'ici, pour plusieurs raisons, je ne fais rien et ne puis rien faire.

Je lis beaucoup de revues : grâce à des arrangements avec plusieurs amis, il me passe entre les mains : la *Revue du Clergé français*, la *Quinzaine*, les *Etudes des Pères Jésuites*, le *Correspondant*, l'*Université catholique de Lyon*, la *Science sociale*, sans parler des *Bulletins des Patronages*, etc. C'est trois fois trop.

J'attends votre visite : j'aurais besoin de vos conseils pour ce que j'ai envie d'essayer ici cet hiver : grande diffusion du journal la *Croix*, et petit cercle d'études dans notre patronage de jeunes gens. Cela fait, on dira son *Nunc dimittis* de Vuillafans.

Lettre à l'abbé F.

Vuillafans, 29 septembre 1899.

Issy ! vous allez donc nous y retrouver à nouveau, dans la prière et dans la retraite, dans cette solitude qui — au sens large bien entendu — est la seule béatitude d'ici-bas. Savez-vous que je serai tout heureux de vous sentir là, près de notre petite chapelle de Lorette ? Oh ! n'est-ce-pas, vous y prierez pour moi ?...

...Il me paraît bon que le prêtre, dans les

questions économiques (syndicats, caisses rurales, coopératives, etc.) n'impose pas son autorité. Qu'il éclaire, qu'il inspire, qu'il dirige doucement par d'intelligents conseils, très-bien ; mais je crois qu'il doit éviter de diriger, surtout d'une manière absolue, des choses temporelles. Ce serait du cléricalisme en mauvais sens.

Ce que je voudrais surtout, c'est que, dans les grands séminaires, on préparât le prêtre à ce rôle social qu'il doit jouer plus tard, s'il veut avoir quelque influence sur les âmes pour la gloire de Dieu. Par exemple, cher ami, je sens très bien qu'*ici*, pour entrer en relations faciles avec tous nos paroissiens, il faudrait que j'aie :

1° Des connaissances de droit pratique;

2° ...de chimie agricole et de viticulture ;

3° Des connaissances assez nettes sur les syndicats ouvriers, les coopératives, etc.

Je me permets de dire que cela me servirait *infiniment plus* que tout ce que j'ai appris sur l'essence de la grâce sanctifiante. Non pas que je dise du mal de la théologie; non, et j'avoue que je suis loin d'en savoir assez, mais je vois qu'il faudrait bien d'autres connaissances à côté... et je sais que beaucoup de mes amis pensent comme moi.

J'aurais beaucoup à vous dire là-dessus. Qu'il me tarde de vous voir !

Et le journalisme ! mais oui, mais oui ! Puisque c'est la meilleure manière de prêcher. Je voudrais que le clergé s'en occupât vingt fois plus, et d'une certaine manière officiellement, c'est-à-dire que, contrairement à beaucoup de gens, je voudrais qu'il y eût en France, un parti catholique *dirigé par les évêques*, et ayant une *ligne de conduite* sur les points les plus importants.

Retraite au Séminaire de Besançon

21-24 novembre 1899.

22 *novembre*. — Je suis entré hier en retraite avec une très grande tristesse et un profond découragement.

Profond découragement en face du passé : Eh quoi! c'est cela qui a été ma vie, ma vie sacerdotale, après tant de grâces reçues, avec tant de secours que Dieu m'offre avec une perpétuelle bonté, après tant de résolutions prises, me semblait-il, avec une réelle bonne volonté. C'est cela, ma vie! — vie tiède et médiocre, pleine d'imperfections et de fautes, vie sans prières, sans recueillement, vie banale, sans fruits, sans fécondité — ministère comme stérile, parce que les forces de l'homme n'appellent pas à leur aide les forces de Dieu.

Seigneur Jésus, pourquoi avez-vous appelé à votre sacerdoce une misère, une faiblesse comme la mienne? Pourquoi avez-vous confié les intérêts de votre gloire à celui qui est si indigne de les défendre? Mon Dieu, comme j'ai honte de moi-même!

Et quand je descends en mon cœur, je me sens encore plus misérable et plus lâche. Instruit par une triste expérience, je ne me sens plus le courage des fortes et vigoureuses résolutions.

En les prenant, il me semble que je mentirais à moi-même. Je les ai prises quand mon âme était meilleure qu'aujourd'hui, et je ne les ai pas tenues!

Voilà bien, mon Dieu, le découragement, le découragement dont vous ne voulez pas. C'est autre chose que vous me demandez : l'humilité et l'effort.

L'humilité douce et confiante : peut-être en ai-je manqué trop souvent ; peut-être, sans beaucoup y penser, ai-je encore compté sur moi, sur mes forces qui ne sont que faiblesse. — Si cela est, mon Dieu, je dois vous remercier de m'avoir éclairé, quelque douloureuse que soit la lumière qui me fait voir tant de misères — je dois vous remercier de m'avoir humilié.

Et, avec l'humilité, l'effort! L'effort de l'homme, appuyé sur vous, peut toujours être victorieux. Saurai-je enfin vouloir?... je le sais bien, il y a pour ainsi dire tout à changer dans ma vie, et ce tout est pourtant peu de chose!...

...Je le vois bien dès maintenant, c'est encore sur l'oraison que doivent porter mes résolutions, mes efforts.

Je comprends très nettement que la fidélité à l'oraison dépend de deux choses : la récitation anticipée du Bréviaire (*Matines et Laudes*), le lever à une heure matinale et réglée.

Maintenant que la santé m'est rendue, je puis, je dois reprendre ces principes de la vie sacerdotale, et m'y attacher avec une fidélité inviolable. Il le faut, si je veux être un bon prêtre, si je veux sauver des âmes, — allons plus loin — si je veux sauver mon âme.

Seigneur, je veux. Aidez ma pauvre volonté.

Ne pourrait-on pas adopter cette formule : « Il faut transporter dans ses rapports avec Dieu la manière d'agir que l'on a avec les personnes que l'on aime et que l'on respecte le plus sur la terre? » Et alors, c'est la vraie piété, simple et affectueuse, la piété qui est pour l'âme une joie, un bonheur, pleine de douceur et de paix. Les sécheresses peuvent venir sans doute ; mais, avec le secours du directeur, on les reconnaît, et on ne se laisse pas décourager par elles. Hélas! l'aridité perpétuelle de ma vie n'a-t-elle pas été causée jusqu'ici uniquement par ma négligence, par ma paresse, par mon manque presque absolu de courage et d'efforts!

Mon Dieu, demain, je vais retrouver Vuillafans, Vuillafans où, peut-être, je resterai longtemps encore, où, par conséquent, je dois *être prêtre* pleinement, rejetant, comme de mauvaises pensées, les accès de trop grand découragement qui m'avaient tourmenté pendant ces dernières semaines. Je n'ai plus les douces illusions que j'emportais, il y a deux ans, au lendemain de mon sacerdoce. Puissé-je du moins avoir et garder la piété solide et affectueuse, la bonne volonté sincère, le zèle ardent que les succès n'enorgueillissent point, que les échecs et les revers ne découragent jamais! Il me semble que c'est un sacerdoce que je vais recommencer. O Jésus-Christ, bénissez-le.

...O Maître, écoutez ma prière :

Si vous voyez qu'un jour, je doive me séparer de vous ; surtout, si vous voyez que, restant sur la terre, je doive devenir et rester un prêtre médiocre, un prêtre mauvais, un prêtre faisant aux âmes plus de mal que de bien, Seigneur, ne permettez pas ce malheur, et, avant qu'il n'arrive, prenez-moi. Je vous le demande à genoux, au nom de vos souffrances, au nom de la gloire de votre Eglise, au nom des souffrances de votre mère.

Retraite du mois

Vuillafans, 20 décembre 1899.

J'ai tenu mes pauvres résolutions pour le Bréviaire — Celles qui concernent l'oraison n'ont été tenues qu'à demi. Je vais les prendre à nouveau. Je m'aperçois que je me lève le matin un quart d'heure trop tard : c'est ce quart d'heure qu'il faut, coûte que coûte, arracher à la paresse et donner à Dieu.

Voilà le devoir *élémentaire*, ô Jésus, si je veux vous aimer, si je veux faire du bien aux âmes, si je veux être un bon prêtre.

Lettre à M. Dufresne

Vuillafans, 26 décembre 1899.

Mon bien cher Père, me pardonnerez-vous si je vous parle aujourd'hui sérieusement, intimement de votre pauvre petit Maurice, comme je vous en parlais autrefois ?

Tiraillé que je suis entre des occupations très diverses, avec une santé qui, pour être bonne, n'est pas encore parfaite, et par conséquent excuse trop facilement des manquements au règlement quotidien, ici, il m'est très difficile de prier assez. J'ai senti la difficulté à un tel point que j'ai pensé et pense encore à un ordre religieux. Ce projet n'aura sans doute pas de suite. Je sens que j'ai besoin d'une habituelle fidélité à la grâce dans les choses de peu d'importance. Et je me sens si faible, si lâche ! Et je vois si bien ce que c'est que l'homme...

Vous ai-je dit que mes meilleurs amis entrent dans les ordres religieux. Je les comprends, et je les envie.

Lettre au Révérend Père H.

Vuillafans, 22 février 1900.

Sérieusement, je suis en mal de vous, et il me tarde *bien, bien* d'avoir une grande lettre qui vienne réjouir mon affection et me donner de bons conseils pour le Carême.

Au moral, je crois que je vais mieux. En toute sincérité, je vous dirai que je n'y ai pas de mérite.

Le bon Dieu sait ce qu'Il veut, et, quand on a de bons amis qui prient et se donnent la discipline, on reçoit un beau jour des *grâces renversantes* qui vous obligent à vous convertir. Je crois que c'est mon cas. C'est un peu dur au commencement : devant toutes les petites choses qu'il faut briser on est comme un chien devant les coups de bâton. Puis, on comprend que le bon Dieu décidément vaut mieux que les choses de ce monde. Oh ! si on le comprenait bien !

...Voici le Carême. J'espère avoir la force de faire un *tout petit peu* pénitence. Vous savez, c'est très joli la mortification intérieure ! Seulement, on l'oublie complètement, si on ne se sert pas de l'extérieure pour rafraichir ses souvenirs ! Du moins, je suis comme ça.

Adieu, mon bien cher ami, nous vous regrettons toujours, et nous ne nous consolons qu'en pensant que Dieu reste et qu'Il réunira ceux que son amour a séparés sur la terre.

Lettre à l'abbé F.

Vuillafans, 14 mars 1900.

Figurez-vous que parfois je vous envie un peu, — beaucoup — moi qui ai tant pensé à me faire Sulpicien jadis. Vous faites du bien : vous êtes dans une atmosphère surnaturelle.. Priez pour les pauvres vicaires.

...Je deviens pourtant un peu plus sage, en ce sens du moins que je comprends mieux qu'il faut me laisser conduire beaucoup par le bon Dieu, et faire joyeusement ce qu'on croit être son devoir là où l'on est, sans penser anxieusement, sans rêvasser sottement à ce que l'on ferait ailleurs.....

Nous sommes absolument du même avis, plus encore que vous ne le pensez. Car, quand en politique je parle d'un parti catholique sous la direction des évêques, je veux dire que les catholiques, sous la direction des évêques, devraient se placer sur le terrain économique, social, national, ne demandant pour eux-mêmes que la liberté et le droit commun, et s'efforçant d'améliorer dans la société le sort des humbles par des lois justes et intelligentes.

Vuillafans, 2 mai 1900. (L. J.)

Depuis plus de quatre mois je n'ai pas retrouvé ces pages.

Deux mots des événements extérieurs. La *Croix* quotidienne réussit très bien à Vuillafans; quarante abonnements à la *Croix* du dimanche. J'espère qu'à la longue cela fera du bien, et infusera dans les âmes un peu d'esprit chrétien.

Pâques était le 15 avril. Plus de six cents cinquante communions dans la paroisse ; c'est déjà beaucoup, mais ce n'est pas assez, et j'en souffre.

Les écoles libres me donnent toute satisfaction.

Retraite du mois (1)

Vuillafans, 11-12 mai 1900.

Qu'il faut peu de chose pour abattre l'homme et son énergie ! Depuis onze jours, j'ai une légère indisposition, et pour tout je me sens sans vigueur et sans courage.

Mon Dieu, gardez en moi la vue de la vérité et la volonté de l'effort. Jésus crucifié, apprenez-moi à marcher sur la souffrance pour aller toujours vers le devoir, vers vous!

O Marie, conçue sans péché, priez pour nous qui avons recours à vous!

(1) Cette retraite mensuelle est la dernière que fit M. l'abbé Grenier : pour ce motif nous avons cru devoir la reproduire intégralement. L'écriture particulièrement pénible du manuscrit atteste d'une façon sensible et émouvante la faiblesse déjà très grande du malade. N'est-ce pas quelque chose de vraiment admirable que ce courage avec lequel il fut, jusqu'à ses derniers jours, fidèle à cette pieuse pratique?

EXTRAITS DES LETTRES D'ADIEUX

Extrait de la lettre d'adieu de M. l'abbé Grenier à M. le curé de Vuillafans. (1)

Je veux vous donner un dernier au-revoir, une dernière marque de ma reconnaissance et de mon affection.

Je vous remercie encore de tout le bien que vous m'avez fait, surtout pendant les quelques mois que j'ai passés plus étroitement avec vous, surtout, surtout hier soir ; car vous m'avez rendu la paix, la confiance et la joie.

Pardonnez-moi les peines que j'ai pu vous faire, je ne crois pas vous les avoir causées volontairement : du moins, soyez sûr que je vous ai toujours donné, comme à un père bien aimé, ma reconnaissance et mon affection.

. . . .

A mon enterrement, je désire qu'il n'y ait ni fleurs ni couronnes. Après coup, on acceptera

(1) Le 2 mai 1898, sur les conseils de son médecin, M. l'abbé Grenier partait pour Lausanne où il s'attendait à subir une grave et périlleuse opération. C'est à la veille de ce voyage, d'où il craignait de ne pas revenir, qu'il rédigea son testament et ses lettres d'adieux à sa famille et à M. le curé. Comme il n'y apporta dans la suite aucune modification, on peut considérer ces écrits comme l'expression exacte et définitive de ses suprêmes volontés.

celles dont le refus pourrait causer quelque peine.

Vous voudrez bien demander à vos chers paroissiens de prier pour moi. Je leur demande pardon à tous de ce qui dans ma conduite a pu les peiner ou les scandaliser. Je meurs en les aimant tous, en offrant à Dieu ma vie pour tous, en espérant les revoir tous au ciel. A vos jeunes gens du patronage et aux petits enfants du catéchisme vous demanderez surtout de ne pas m'oublier. Je les ai tant aimés !

.....J'espère que le bon Dieu me fera la grâce de n'être pas trop loin de la place qu'Il vous réserve près de Lui.

Vuillafans, 1er mai 1898.

Extraits des lettres d'adieux de M. l'abbé Grenier à sa famille

Je termine ces trop longues pages le 1er mai, à la veille de partir pour Lausanne. Peut-être lirez-vous dans quelques jours ce que j'écris aujourd'hui. Quoiqu'il arrive, quelle que soit sur nous la volonté de Dieu, aimons cette volonté. Aimons-la dans la vie, dans la mort. A cause de vous j'aimerais à vivre encore ; j'aimerais à vivre aussi à cause des âmes, à cause de mon sacerdoce. Mais, vraiment, je suis résigné, calme, presque heureux.

Ayons confiance en Dieu. *Il nous aime.* Pourquoi ne penserions-nous pas qu'Il ne nous envoie nos épreuves que pour notre véritable bonheur ?... Aimons la volonté de Dieu, aimons le sacrifice, apprenons à aimer la mort, ce commencement de la vraie vie.

Il me reste à vous dire, non pas adieu, mais au revoir près du bon Dieu... Soyons de plus en plus, dès cette terre, unis par la foi, les sacrements, par l'amour du devoir, à Notre-Seigneur Jésus-Christ qui nous réunira au ciel.

Je vous remercie de m'avoir tant aimé : je vous remercie de toutes les joies dont vous avez entouré ma vie. Je vous demande de me pardonner les peines que peut-être j'ai pu parfois vous faire. Je vous remercie encore et de toute mon âme ; prêtre de Jésus-Christ, je demande à Dieu de vous bénir, je vous bénis.

Et au revoir, au ciel, près du Père qui est aux cieux !

MA BONNE MÈRE,

Si je meurs avant toi, je te demande d'être bien forte, bien courageuse, bien chrétienne, d'avoir confiance dans le bon Dieu et de te rappeler qu'Il nous aime.

Nous avons eu, tu as eu en ce monde la part bien large de la douleur et de la souffrance. Croyons bien que Dieu a prévu, accepté nos souffrances pour les récompenser et les bénir.

J'espère que tu vivras encore longtemps. Il ne faut pas que tu sois triste à cause de mon souvenir : la mort est une séparation un peu plus longue que les autres, mais qui ne doit pas durer toujours.

A tes chers petits-enfants, qui t'aimeront tant, tu laisseras ta foi, ta charité, tout l'honneur de nos familles ; tu leur apprendras à aimer, à prier, à travailler, à souffrir !

Ma bonne mère, je mourrai peut-être sans pouvoir te dire adieu... loin de toi... Mais tu sauras toujours que, même de l'autre côté de la mort, je ne cesserai pas de t'aimer et de vivre avec toi.

Prie pour ton fils. Pardonne-lui les peines qu'il a pu te faire. Je te remercie et t'aime de tout mon cœur.

Au revoir au ciel !

MON CHER FRÈRE, MA CHÈRE SŒUR,

...Si je meurs avant notre bonne mère, vous aurez la charge de la consoler et de l'aimer à ma place, d'entourer d'affection et de dévouement ses dernières années. Elle aura beaucoup souffert : vous ne vous attristerez pas trop de ses regrets, et vous adoucirez son chagrin, en vous dévouant pour elle.

C'est pour vous, pour vos enfants tant aimés

que j'aimerais à vivre encore longtemps. Vous leur parlerez un peu de leur oncle...

Unis ou séparés par la mort, aimons-nous toujours, *vivons ensemble*, en attendant la réunion du ciel !

TABLE

IMP. H. BOSSANNE, BESANÇON

www.ingramcontent.com/pod-product-compliance
Ingram Content Group UK Ltd.
Pitfield, Milton Keynes, MK11 3LW, UK
UKHW021134260726
13994UKWH00001B/127